中公新書 2333

増田寛也
冨山和彦 著

地方消滅 創生戦略篇

中央公論新社刊

まえがき

現実を直視しよう

二〇一四年八月に出版した前著『地方消滅――東京一極集中が招く人口急減』（中公新書）とそのなかで示した八九六の「消滅可能性都市」リストは、各方面で大きな波紋を呼んだ。消滅可能性都市と推定された市区町村の住民や出身者のみならず、この国に暮らす多くの人々が人口減少の深刻さをあらためて受け止めるきっかけになったのではないかと思う。

また、『地方消滅』の問題提起は、多くの自治体が人口減少問題を議会でとりあげる契機ともなった。政府も一四年の「経済財政運営と改革の基本方針（骨太の方針）」のなかでこの問題をとりあげ、東京への一極集中に歯止めをかけること、人口減少の克服を目指した総合的な政策を推進すること、政府一体となって取り組む体制を整備することを表明。九月、内閣官房に「まち・ひと・しごと創生本部」が設置され、石《いし》破《ば》茂《しげる》・地方創生担当大臣が誕生した。

その後、政府は有識者会議を設置し、人口減少克服に向けた「長期の人口ビジョン」と五か年の「総合戦略」策定に乗り出した。衆議院解散直前の一一月二一日には、地方創生関連二法案が成立し、政府の総合戦略と連動するかたちで都道府県そして基礎自治体たる市町村（特別区含む）も長期ビジョンと総合戦略を策定することが「努力義務」となった。一二月二七日には、政府の「長期の人口ビジョン」と五か年の「総合戦略」、一五年六月三〇日には、「まち・ひと・しごと創生基本方針２０１５」がそれぞれ閣議決定された。その後は、地方がどのような総合戦略をつくり、実行していくかが大きな焦点となっている。

総合戦略を考え、推進していくうえで、まず地方に求めたいのは、現実を直視することである。八九六の「消滅可能性都市」リストに対する批判として、人々の田園回帰を挙げる人たちがいる。田舎に暮らしたい人は増えており、移住する人も増えている。この流れを維持していけば、消滅は避けられる、という考えである。ここでの

「田園」とは農山村地帯を指すのか、県庁所在都市なども含むのかははっきりしない。主として前者の場合が多いように思えるが、いずれにせよ広く地方回帰全体が進むことを私も強く願っている。

たしかに東日本大震災を契機に国民の意識が変わり、内閣府の調査でも若者や定年退職年齢前後の高齢者を中心に地方回帰志向は高まっている。これらの人たちの意向を実現し、地方に人を還流していくことは重要な政策である。ただし、現実の数字を見ると東京圏への人口流入は減っていない。東京圏への転入超過数の推移を見ると、二〇一〇年は九万人強の転入超過だったものが、二〇一一年には東日本大震災の影響で六万人強に減った。しかし、その後は再び転入拡大に転じ、二〇一四年は一一万人弱と二〇一〇年をも上回っている。二〇一五年上期を見ても、この流れは加速している。地方から東京圏への人口流出は、減るどころかむしろ増えているのである。

小さな村落では、わずかな人口の流入が大きな効果を上げる。なかには、地方回帰志向を上手にとらえ、人口増加を実現し、地域コミュニティを再生しているところもあるだろう。しかし、そのようなことがすべての村落で実現できているわけではない。

むしろ多くの村落は、人口減少に歯止めがかからず、一人住まいの高齢者が増えていることに悩んでいるのではないだろうか。安直な「期待」や漠然とした「希望」を述べるのではなく、現実の「姿」を提示し、住民と一緒に対策を考える、それが今、多くの自治体に求められていることである。

政府は、二〇一四年、「五〇年後も人口一億人を維持」という目標を閣議決定した。この実現は容易なことではない。この政府目標を達成するためには、私の試算では、遅くとも二〇四〇年には、合計特殊出生率が人口置換水準である二・〇七に回復する必要があるが、二〇一五年六月に厚生労働省が発表した合計特殊出生率は一・四二と、九年ぶりに低下した。出生者数もかろうじて一〇〇万人を維持できたものの、大台を切るのは目前である。これは人口の山を築いている団塊ジュニア世代の全員が四〇歳を超え、出産ピーク期を過ぎたことによると思われる。

人口減少は当面止まらない。地方は、安易に「人口増加」や「人口維持」「地域活性化」という言葉を口にするのではなく、人口が「減る」、さらには「急激に減る」ことを前提に将来を展望し、住民の生活の質を維持・向上していくための戦略を推進していく必要がある。

「課題最先端地域」として

今回対談を引き受けていただいた冨山《とやま》和彦氏は、グローバルに活躍する企業再生のスペシャリストである。産業再生機構における数々の目覚ましい活躍ぶりは、すでに約一〇年が経過した今でも強く印象に残っている方が多いと思う。また同時に、東北地方でバス会社を経営するローカル企業の経営者でもある。氏はそこで、地方においても一定の水準の賃金を支払える安定的な雇用を生み出すことができることを実践で示した。さらに、「グローバル経済圏（G）」と「ローカル経済圏（L）」の関係性を見事に整理した昨年の著書『なぜローカル経済から日本は蘇るのか――GとLの経済成長戦略』（PHP新書）は、一般市井のみならず政財界にも大きなインパクトを与え、その後の政府の政策決定にも強く影響したことは周知のとおりである。「地方」というと、とかくマイナスのイメージがつきまとうが、冨山氏はわが国の地方に手付かずのフィールドが多くあり、新たな地平がいくらでも開けることを知らしめた。このことは、わが国にとって歴史的なパラダイム転換であったと言えるだろう。

グローバルとローカル、両方の視点を持つ冨山氏との対談は、私にとっても新鮮で刺激的なものだった。氏によれば、いち早く高齢化し人口減少に悩んでいる日本の地方は、世界の「課題最先端地域」である。地方が自らの課題を解決する取り組みは、世界最先端の研究開発を行っているに等しい。自らの足元に地方発の新たなビジネス・チャンスが眠っている。泉のように湧き出てくる冨山氏の数々のアイデアを聴きながら、これからの地方の明るい可能性を強く確信した次第である。

私は岩手県知事時代の二〇〇一年、「がんばらない宣言」を提唱したことがある。「がんばらない」とは、東京を目指してがんばらないという意味である。経済が右肩上がりの時代には、「追いつき追い越せ」の精神で、地方は東京を追い求めてきた。結果、発展と引き替えに地域の独自性は失われていった。地元の進学校も東大入学者を出すことを目標にがんばった。そのことは決して悪いことではないが、自分たちの手で優秀な若者を東京に送り出す努力を必死に行ってきたという側面があることは否めない。送り出した若者に「将来地元に帰ってきたい」と思われるような魅力的なまちづくりへの取り組みが十分ではなかった。

岩手に最先端のビルは必ずしも必要ない。木でできた民家を守り、長い歴史に培《つちか》われた南部鉄器のストーブで、間伐材などの木くずを固めたペレットを燃料として使う生活の良さを守れないか。それまで公共投資に大きく依存してきた岩手県で、岩手らしい文化に目を向けようとする意思表明を「岩手はがんばりません」という言葉で表現した。「知事ががんばらないとは何事か」と、当時はいろいろとお叱りを受けたが、地方が東京と価値観を同じにすれば、いくら東京と戦っても「大が小に勝つ」がごとく東京が勝つことは自明である。

東京を上と見て、東京を目指す発想を改める時期にきている。地方が自らの地域に誇りを持ち、独自の文化を築くこと、そうした自立した地域が連携・協力していくことで、魅力ある日本にしていくことが、地方創生の道でもある。

二〇一五年八月

増田寛也

目次

第2章　L型大学から地方政治まで――地域のために何ができるか？　53

第3章　地方発イノベーションの時代　115

第1章

消滅危機の実態とチャンス

増田寛也氏

経済が衰退しながら人手不足

増田　これまで地方といえば、「仕事がなく人が余っている」というイメージが強かったと思います。しかし、冨山さんは『なぜローカル経済から日本は甦るのか』において、地方ではむしろ人手不足が深刻になっており、それにもかかわらず若い人たちが東京に出ていってしまうという状況を指摘されました。

この点は、私たちが『地方消滅』で訴えた問題意識とも通じるわけですが、企業経営を通じてそうした問題に直面している冨山さんの事実認識から聞かせてください。

冨山　客観的な構造はおっしゃるとおりです。要は、地方経済は右肩下がりなうえ、生産性も下がっているので、若い人をひきつけるような「相応の賃金」「安定した雇用」「やりがいのある仕事」を提供できない。そのため、若者は地方から流出してしまう。すると人口が減少し、経済もさらに衰退していく。そうした負の

図１　生産年齢人口の減少（東北地方）

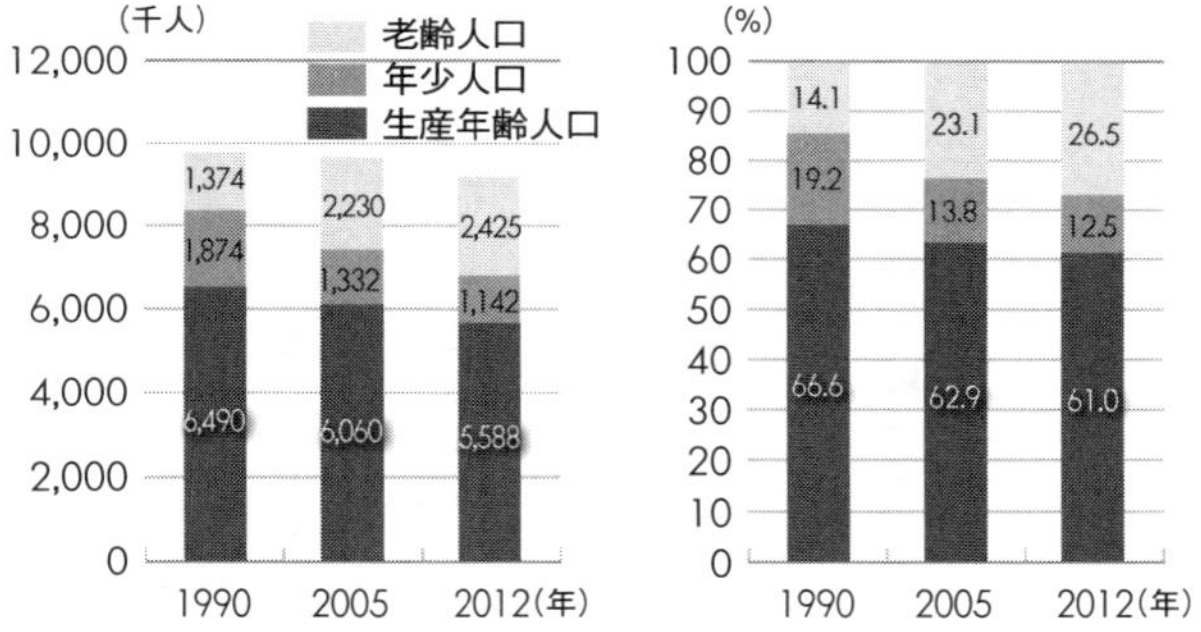

（出所）総務省統計局「国勢調査」および「人口推計」より作成

スパイラルが起きてしまっています。

従来、経済が衰退すれば人手は余るというのが常識でした。しかし東北地方を筆頭に、現在の日本の地方では急激な人口減少が進んでいます（図１）。とりわけ一五歳から六四歳までの生産年齢人口の減少が先行的に進んでいるため、「経済が衰退しているのに人手が足りない」という、これまでのパラダイムを大きく転換するような事態が起きている。

これを乗り越える、つまり正のスパイラルへと逆回転させるためには、どうすればいいのか。経営の視点からいえば答えは簡単です。地方の企業が一生懸命、生産性を高めることで賃金を上げ、できるだけ正社員として安定雇用を行うことで働き手をひきつけるしかない。要するに、「ちゃんと経営しましょう」ということです。

増田　身も蓋もないですが、そういうことになりますよね。

冨山　労働生産性を上げ、そして賃金を上げるためには、二つのやり方しかありません。

一つは分子にあたる「付加価値生産額」を増やすこと。そのためには、より多くのお客さんをひきつけるか、お客さんにより高い価格で評価してもらうことが必要です。営業やマーケティング、あるいは商品企画の改善が求められます。もう一つは分母にあたる「投入労働時間」を効率化すること。業務改革を進め、あるいはＩＴ投資を行って効率的な運営を目指す。

つまり、地方経済といっても特別なことはなく、きわめて普通の企業経営の話なんですね。

陳情からイノベーションへ

増田　地方経済を担う人たちも、それは分かっているんでしょう。簡単ではないですが、地域の生産性を向上させ、産業競争力を高めていくことに地道に取り組むしか道はありません。

では、なぜ生産性の向上ができないか。各地方には商工会議所、経済同友会、経済連合会といった経済団体があります。そうした団体や、そこに属する経済人がステークホルダー（利害関係者）として、今の秩序を残しておいたほうが都合がいい、というケースもあるかもしれませんね。そうした状況をいかに改善していけばいいでしょうか。

冨山　ある意味、地方経済が中央の縮小コピーになっていて、政・財・官のトライアングル構造ができあがっている。このことは地方の生産性向上を阻む一つの要因だと思います。地方の場合、そうしたトライアングルが切磋琢磨《せっさたくま》してイノベーションを起こし、生産性を高める方向ではなく、中央に陳情して補助金を獲得したり、政府系金融機関からお金を引っ張ってくることにエネルギーを使ってきました。私の印象だと、七対三で陳情のほうに力点がある。

増田　対する国のほうにも「ミルク補給」の仕組みがありますね。たしかに公共投資は短期的な景気対策としては有効ですが、人口減少のような構造的な問題には効果的ではありません。長期的な雇用に結びつかないからです。それは、これまでの政策の結果が物語っています。ミルクを補給していては、地方経済になかなか競争が生じず、生産性が低い企業を市場から退場させるような新陳代謝を呼び起こすエネルギーが出てこない。

公共投資の拡大を求める声がいまだにありますね。

冨山　そうですね。ただ、最近になって変化を感じています。国の財政も厳しいなか、よりローカルな地方ほど、これまでどおりのやり方ではもうもたない、という意識を共有しはじめているのではないですか。東北地方でも、県を越えた企業合併などの動きが出てきました。

増田　追い詰められた地方ほど、そうした動きが出てきている。

冨山　実際、経営共創基盤の一〇〇%出資子会社で、バス事業を中心に地方の公共交通を運営している「みちのりホールディングス」にも、より厳しい地域から声がかかってきています（図2）。私たちに声がかかるというのは、銀行を含めてその地域の企業のモードが変わっている証拠だと思います。今後ますます効果が薄れるだろう陳情にエネルギーを割くくらいなら、そうした「変わろう」という気持ちのある企業を応援したほうがいいですよね。

それともう一つ、これからの地方について考えるときに、リーダーシップをとれる「高度人材」がいるかどうか、という点がカギを握ると思っています。日本の場合、地域のなかの「できる人」は東京に出てきた歴史がある。学校で一番勉強ができる子は、東京の大学に行き、東京の会社に入ってきました。

増田　地方の人たちも「東京のいい大学に入って、偉くなるんだぞ」と後押ししてきました。その価値観はまだ続いているでしょうね。

冨山　身を立て、名を上げよ、と。それこそ明治以来一五〇年近くにわたる「立身

図2　みちのりホールディングス組織図（2015年7月現在）

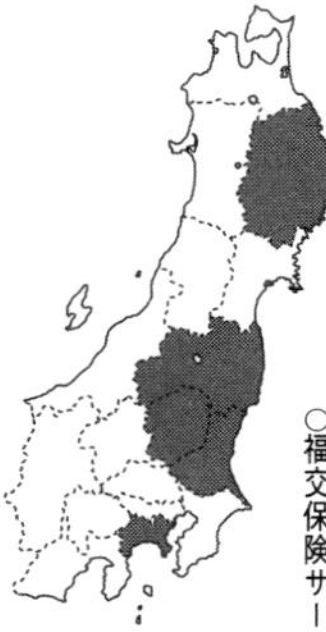

経営共創基盤
↓ 100%出資
みちのりグループ
みちのりホールディングス
↓ 100%出資（福島交通グループ、茨城交通グループ、岩手県北バスグループ、関東自動車グループ、会津バスグループ）
↓ 92%出資（湘南モノレール）

	合計	福島交通グループ	茨城交通グループ	岩手県北バスグループ	関東自動車グループ	会津バスグループ	湘南モノレール
		○福島交通 ○福交整備 ○福島交通観光 ○フクコーアド ○福交保険サービス	○茨城交通 ○ひたちなか海浜鉄道（49％出資、持分法適用会社）	○岩手県北自動車 ○岩手県北観光 ○浄土ヶ浜パークホテル ○宮古エコカーシェアリング	○関東自動車 ○関東自動車整備 ○関東バス旅行社	○会津乗合自動車 ○会津トラベルサービス ○ATS保険サービス ○あいづスタッフ	
従業員数〈人〉	3,543	891	773	492	839	443	105
車両数〈台〉（バス）	1,786	546	417	216	421	186	
車両数（その他）		6編成 14両（鉄道）	7台（タクシー）	1隻（遊覧船）		111台（タクシー）	7編成 21両（鉄道）

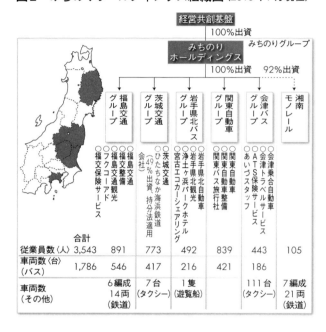

出世」の歴史の結果、大都市とりわけ東京に高度人材が偏在するという問題が起きています。後で論じることになると思いますが、高度人材をいかに東京から地方へ還流させるかは、大きなポイントです。

地方消滅は不都合な真実

増田　前著『地方消滅』で論じたように、これからの地方は人口が減っていきます。ここで『地方消滅』における「消滅可能性都市」の議論をおさらいしておきましょう。

私たちは今後も東京圏への人口流出が続くと仮定したうえで、二〇歳から三九歳という、子どもを産む中心的な年齢の女性の人口に着目しました。すると全国一七九九の市区町村のうち八九六、つまりほぼ半数の市区町村において、二〇一〇年から四〇年にかけて半分以下に減ることが分かりました。この八九六の自治体を「消滅可能性都市」と呼び、そのなかでも総人口が一万人を下回る五二三の自治体は、より消滅可能性が高いと言わざるをえない、というものです（図3）。『地方消滅』の提言もきっかけとなり、政府も対策に取り組んでいます。二〇一四年九月には、内閣官房に「まち・ひと・しごと創生本部」が設置され、石破茂・地方創生担当大臣が誕生しました。二〇一四年末に閣議決定された「まち・ひと・しごと創生長期ビジョン」では、「五〇年後も一億人」という目標が設定されました。政府の文書において、人口について数値目標が設定されたことは画期的と言えます。

しかし、仮に対策がうまくいって目標どおりに出生率が上昇したとしても、人口減少が止まるのは相当先、七〇年、八〇年も先の話です。当面は人口減少のペースが緩めば御の字です。社会移動があるにしても国全体の人口が減るわけですから、ほとんどの地域は必ず人口が減ります。人口が減る前提で行政の仕組みを変えたり、人の意識を変えたりしなければいけない。

冨山　人口が減り続ける前提で政策体系も組まないといけないのは明白ですね。でも政治の議論を見ていると、いまだにトータルの人口を増やすとか、経済規模を拡

図3　2040年に20〜39歳の女性が50%以上減少する市区町村

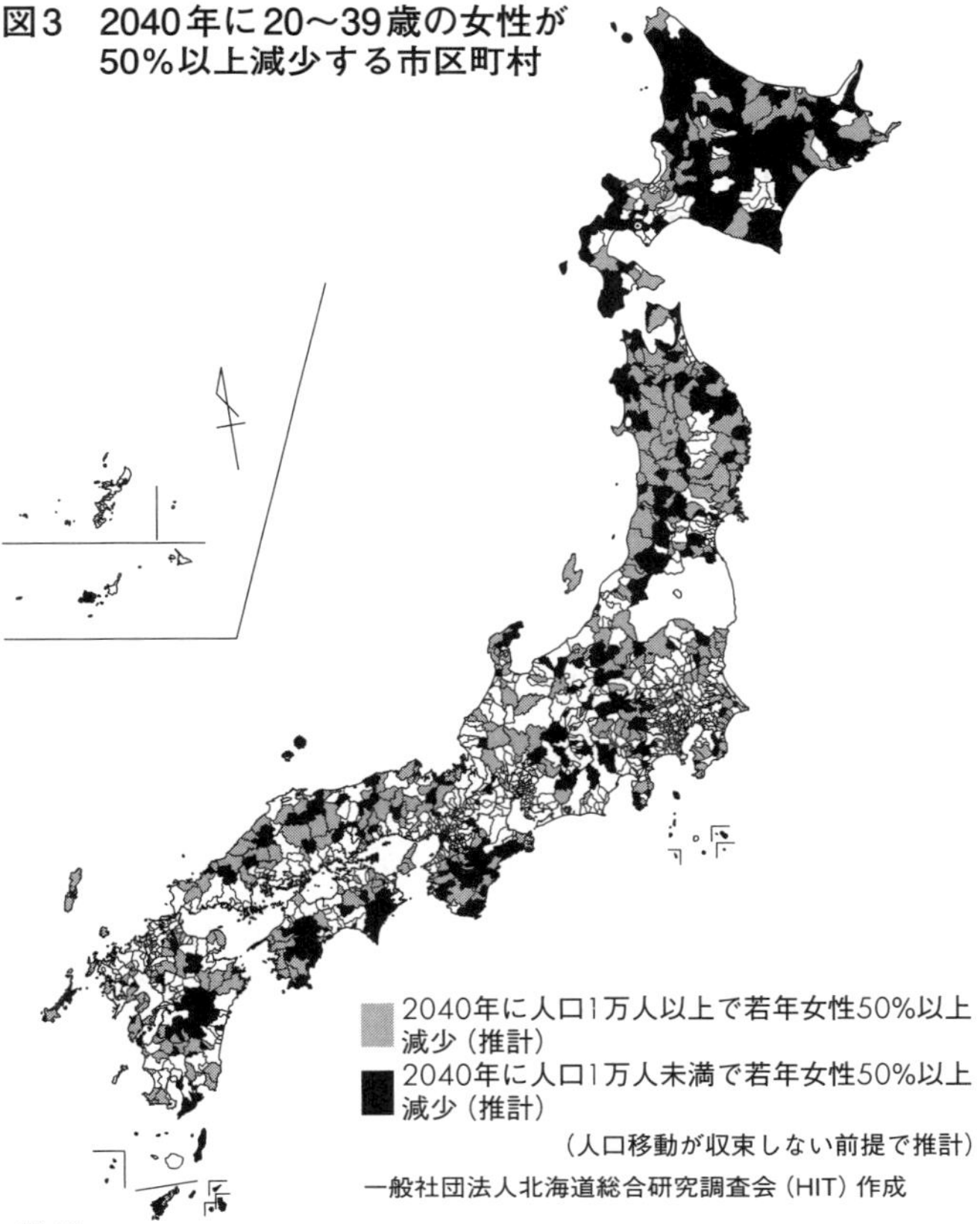

（人口移動が収束しない前提で推計）
一般社団法人北海道総合研究調査会（HIT）作成

（備考）

1. 国立社会保障・人口問題研究所（社人研）「日本の地域別将来推計人口（平成25年3月推計）」およびその関連データより作成。
2. 政令指定都市のうち2003年より前に移行した12市は区別に推計した。
3. 2011年3月に発生した東日本大震災にともなう福島第一原子力発電所の事故の影響で、市町村別の人口の動向および今後の推移を見通すことが困難なことから、社人研では福島県内の市町村別の人口推計を行っていない。そのため、本推計においても、福島県の自治体の推計は行っていない。

大するといった話になりがちです。そこに示された数字を「因数分解」すると、人口はどうしても減るとすれば、ありえないほどの生産性の向上を前提にしないと成り立たなかったりする（笑）。もしくは、他の町から大量の移住者が出るという設定になっていたり。要は今に至っても「不都合な真実」から目をそらしているんですね。

増田　京丹後市《きょうたんご》（京都府）が二〇一五年三月に全国第一号で策定した「地方版人口ビジョン」。あれを見て仰天しました。若い世代の定住が促進されて、二〇六〇年には人口が七万五〇〇〇人に増えているという内容でしたから。二〇一五年三月末で五万八一〇四人ですから人口が約三割増えることになります。

私たちの予測では、二〇四〇年時点で京丹後市は二〇歳から三九歳の若年女性人口が四八二〇人から二一〇一人に五六・四％減、総人口は五万九〇三八人から三万四六九二人に四一・二％減となっていますから、いかに非現実的か明らかでしょう。議会もあんな内容を簡単に認めるのはおかしいと思う。三割以上も人口が増えるという、納得できるだけの根拠をきちんと示しているか、議会でチェックしてもらわないとね。

しかし私の感覚だと、議会のほうがより深刻です。人口減少問題について、他の町からもっと人を連れてくるとか、出生率をもっと回復できるはずだとか、まだ成長幻想にとらわれている議員が多いと思います。

一九九五年に岩手県知事に就任した後、岩手県の人口は減るという前提で「岩手県総合計画」を策定したのですが、そのころ「人口が減る」なんて見通しを口にした首長は私を含めてみんな叩かれていましたよ。痛みを直視することへのアレルギーが非常に強いですね。

痛みの再分配

冨山　パイがどんどん拡大して、その利益をいかに分配するか考えれば良かった古き良き時代は終わり、これからは不利益の再分配、「痛みの再分配」をしなければいけない時代です。痛みの再分配は議会も経済界も嫌います。その空気を知っているから、地元の金融機関も嫌う。

そうすると何が起きるか。新陳代謝による「選択と集中」ができなくなります。その地方が本来持っている、他の町にない本当にすぐれた部分に絞り込んでリソース（資源）を投下することができず、どこかで聞いたような話を言いだして、地方同士でパイを奪い合うだけのゼロ・サム・ゲームになってしまう。今回の地方創生でも、地方から聞こえてくる「戦略」はそういう感じになっている。

増田　ゼロ・サム・ゲームだとしても、せめて「現世代より次世代優先」といった座標軸に則っているならいいのですが。それならば現世代で痛みを分かち合い、次世代がメリットを享受できる。しかしこのままだとそれも難しいかもしれない。

冨山　「選択と集中」をしようとすると、地域のなかで揉めるんですよ。

地域のなかにスキー場が三つあるとしましょう。しかし、お客さんを呼べる魅力のあるスキー場は一つだけ。本来なら、その魅力のあるスキー場にリソースを集中すべきなんですが、地域のなかで議論しているうちは残り二つのスキー場を捨てて、一つに絞ることはできません。その結果、外から見ると、三つのスキー場の平均値でしか地域の魅力が伝わらなくなる。本来ならその地域は自らの比較優位を研ぎ澄ませて「スキー観光地」としてアピールすることができたはずなのに……。

今回の地方創生でも、地域からボトムアップで進める戦略をとった場合、陥りやすい罠ですね。

観光でもう一つ例を挙げましょう。いま外国人観光客向けに「ゴールデンルート」というものが言われています。東京から箱根、富士山、名古屋、そして京都、大阪とたどり、効率的に日本の魅力を味わえるルートです。でも、ゴールデンルートだけでは、リピーターは飽きてしまう。そこで二〇一五年六月に、北は北海道東部の大自然をめぐるルートから、南は九州全域の温泉めぐりまで、新たに七つのルートの形成計画が認定されました。要するに、ドイツのメルヘン街道、ロマンティック街道の日本版ですね。

こうしたルートを設定すると、時間や距離の関係でどうしても落とされる場所が出てくるんですよ。これは仕方がないこと。もしこのルートづくりをボトムアップでやっていたら、いつまでたってもルートがつくれないですよ。もしくは供給側にあたる都市だけが納得するような、むりやり大回りさせる利用者無視のルートができかねない。こういう場合は、トップダウンで取捨選択しないと旅行者のためのものにならないですよね。ドイツだって、どの街道からも落とされている都市はある。それを受け入れないと。

増田　観光は本当に分かりやすい例ですね。本来は観光客のニーズから組み立てなければならないのに、現実に税金を使って何かしようとすると、満遍なく配らなければ、という発想になる。

だいたい行政が何かすると、固有名詞を出さない方向になりがちです。固有名詞を入れると「あそこの店は入っているのに、なぜウチは載らないのか」といった抗議が必ず出てくる。でも、観光客が求めている情報は具体的な固有名詞ですよね。京都の八ツ橋や、伊勢の赤福餅《あかふくもち》と御福餅《ごふくもち》くらいポピュラーなものならともかく、他の地方で二つも三つも横並びで紹介するのでは工夫がない。

ただ、地域の企業や住民に等しく対応しなければならない行政にとって、「選択と集中」は難しい課題です。であれば、民間の力を活用していくことを積極的に考えていくべきですね。たとえば、北海道ニセコ町は、観光協会を株式会社化することで、地域の旅館を等しく紹介する「一律」を排除し、優良な旅館のみを紹介できるようにしました。その結果、リピーターの獲得に成功しています。

これまでどおりのやり方だと同じ結果になりますから、今回の地方創生は若い人を中心に据えるなどしてエッジの立った戦略を立てなければ。相当な力業が必要になると思います。しかし、企業再生を担われた冨山さんが一番お分かりでしょうが、人は追い詰められないとなかなか変われない。

冨山　語弊があるかもしれませんが、生まれ変わるためには、一回「死んだ」ほうがいいんですよ（笑）。倒産状態にまで陥ると、さすがに取捨選択を強烈にやります。

産業再生機構時代に整理回収機構、足利銀行と協力して再生した日光・鬼怒川《きぬがわ》温泉の旅館群のケースがそうです。鬼怒川の温泉旅館では廃業してもらうところ、縮小してもらうところ、そしてがんばってもらうところ、完全に傾斜をつけました。それができたのは、幸か不幸か地域のメインバンクだった足利銀行が破綻して国有化されており、なおかつ旅館街全体が破綻状態という、「選択と集中」を受け入れざるをえないところまで追い詰められていたからですね。

域外から稼ぐのは必須ではない

冨山　改革とは常にそういうものですけれど、耐えられる程度の痛みなら手術せずに対症療法で、となりがちです。それで治ればいいものの、多くの場合はさらに悪化していく。今回の地方創生でも同じです。そこをどうモードチェンジできるか。「まち・ひと・しごと創生本部」なり創生会議では、そして安倍（晋三）総理、菅（義偉《よしひで》）官房長官、麻生（太郎）副総理、石破（茂）地方創生担当大臣といった人たちのあいだでは、こういう議論は共有されています。

問題は、いざ地方版の総合戦略・人口ビジョンをつくる段階になると、ボトムアップゆえの難しさが出てくる。「選択と集中」に踏み切れず議論が膠着《こうちゃく》すると、結局域外から企業を誘致しよう、需要を持ってこよう、という地域内には軋轢《あつれき》を生まない「楽」な戦略に走るんです。これは域内での「選択と集中」を必要としないので立案するのは楽ですが、実際にそれができるかはまったく別問題。しかも、仮に成功したとしても、その地域はプラスになりますが、日本全国ではプラスにならない。

増田　地方同士の奪い合い、ゼロ・サム・ゲームになってしまいますからね。部分最適でも全体最適にならないですね。

冨山　今、ともすると「域外経済との経常収支を黒字にしないと地方創生にならない」という議論が心地よく受け入れられています。片山善博《よしひろ》さん（慶應義塾大学教授、元鳥取県知事、元総務大臣）などもそうした議論をされている。

たしかに域外経済との経常収支が黒字になっている地域を見ると、「あ、それいいじゃん」とみんな同じような戦略、たとえば地酒の振興やバイオマスのような域内エネルギー循環に飛びつくのは分かる。内なる取捨選択をしなくていいように見えるからです。

ただ、この考え方は実は間違っている。データをとると、たしかに経常収支が黒字になるような産業セクターを持っているところのほうが、平均所得が高くなっています。地域のGDPの成長率も相対的に高くなっている。しかし、ここで重要なことは、域外に対して経常収支が黒字だから成長しているわけではない、ということです。むしろその地域に国内の他地域や海外との競争に勝てるだけの力と環境があるから、生産性の高い産業を持つことができ、その結果、経常収支が黒字になっている。つまり、原因と結果が逆なのです。

増田　地域が持っている、そもそもの地力が根本にあると。

冨山　そうです。それに、もし域外から黒字を稼がないと経済が成長しないのなら、世界経済は成長できないはずですよね。だって、私たちは火星とも月とも輸出や輸入のやりとりはないわけですから。（笑）

また、「失われた二〇年」のあいだも日本は膨大な経常黒字を稼いできました。一方、アメリカの経常収支は慢性的に赤字です。けれど、この間、圧倒的にアメリカのほうが成長率が高いでしょう。だから域外から経常黒字を稼ぐということは、経済成長の本質ではないんですよ。

だからといって、域外経済圏との交流が不要だと言いたいわけではないですよ。域外でより高い生産性でつくられたものを購入するなどして比較優位の交換をすることで、全体の生産性を高めることができますから。したがって域外との経済交流は多いほうが良い。ただ、その結果として経常収支が黒字である必要はないということです。

その意味で、「域外経済への富の流出を防ぐために生産性の高低にかかわらず域内の生産物を買おう」なんていう話は、それこそ重商主義か原始共産主義みたいなナンセンスな議論。これではかえって地域経済は貧しくなります。アダム・スミスが『国富論』（『諸国民の富』）で喝破したとおり、域外経済とお互いに優位性のある財を自由に交易することこそが、それぞれの国民を豊かにするのです。

つまり域外経済との効率的な交易を進めるうえでも、製造業にせよ、農業にせよ、観光にせよ、自分の域内においてシャープな切り分けをしなければいけなくなる。内なる取捨選択からは逃れられないのです。たとえば「隣の地域には勝てないから、うちの地域で酒造りはやめよう」と言えるかどうか。

増田 外から稼ごうという発想自体は大事なんでしょうね。それにしても、域内で新陳代謝を図って、生産性を上げなければならないことには変わりがない。

冨山 それもできずに外に向けて戦いを挑むのは、ちょっとしんどい。

だいたい国内で勝てないからアメリカに行こうとか、中国に活路を見出そうとか、絶対ダメな思考パターンです(笑)。ローカル(L)からナショナル(N)へ、ナショナルからグローバル(G)へ、外に行けば行くほど競争はシビアになります。

たとえば日本酒が国内で売れないから海外で売るといっても、海外の消費者には日本酒以外にもたくさんの選択肢があるわけです。まず、「ライスワイン」としてぶどうのワインとの戦いがあり、それに勝っても、たくさんの日本酒のうちから選ばれないといけない。何事もお客さんの立場から見ると、景色が違って見えるのです。

コンパクトシティ化は避けられない

増田　どれだけ必要性を丁寧に論じても、「新陳代謝」であるとか「選択と集中」ということに対して、根強いアレルギーがあると感じます。

『地方消滅』では「選択と集中」の考え方のもと、最後の踏ん張りどころとして、地方中核都市に資源を集中すべきこと、また人口の減少により公的サービスの維持が困難となるなかで、地方都市では「まちなか」への生活関連サービスの多機能集約化が必要なことなどを論じました。たとえば、鉄道駅前や町の中心部に医療介護の戦略拠点をつくり、そこを中心として徒歩圏内に多様なサービス機能を集約するといったものです。

こうした議論に対しても、農山村の切り捨てにつながるとずいぶん反発や批判をいただきました。しかし、農村から都市に人々を強制移住させるようなことはありえない。

冨山　そもそも「居住、移転の自由」を定めた憲法を持つ法治国家の日本ではできない。（笑）

増田　中国や北朝鮮とは違いますからね。

コンパクトシティの成功例としてよくとりあげられる富山市は、森雅志市長が二〇〇二年に就任して以来、「コンパクトなまちづくり」を推し進め、中心部に病院から商業施設まで、さまざまな機能を集約しようとしています。しかし富山市も県庁所在地とはいえ、二〇〇五年に周辺の六町村と広域合併した結果、市域が拡大して中山間地域も含んでいます。森市長は結構な豪腕ですが（笑）、それでも中山間地域から中心部に全部移住しろなんてことは、さすがに言いません。

コンパクトシティ化による「選択と集中」というときに、まず意図していることとは何か。戦後、人口が増え続ける過程でそれまで人が住まなかった地域にも住宅が広がり、それにともない道路や上下水道などの公共設備も非常に広がったわけです。しかし今後人口が減っていくなか、そのまま薄く広がった状態で維持できるわけがない。それを中心部のほうへできるだけ集中させたい。

冨山　おっしゃるように、日本人が世界でも稀なほど拡散して居住するようになったのは戦後の話ですね。

戦後、大都市圏から焼け出された人と引き揚げ組が大量に地方に流れ込み、限界集落を切り拓いたのが第一次人口爆発。そこからいったん集団就職型の人口減少が起きますが、七〇年代に入って田中角栄の「日本列島改造論」で、地方における道路建設を中心とする公共投資の拡大と所得再分配が始まります。その結果、仕事も所得も伸びたことによる人口増加とモータリゼーション（自動車の普及）が起き、さらなる拡散居住が進みます。そこにバブル期に地方の中核都市でも起きた地価高騰が最後の決定打となって、地方でもより地価の安い郊外への居住シフトと小売業の大手ロードサイド店シフトが起き、中心市街地の空洞化と駅前商店街のシャッター街化が進んだ。

実は現時点でも昭和の初めごろよりも人口が少ない都道府県はほとんどありません（図4）。それでも過疎ということは、やはり居住の拡散化が効いている。

ところで先日ボストンに行ったところ、ボストン美術館で葛飾北斎展をやって

図4　戦前・戦後の人口推移

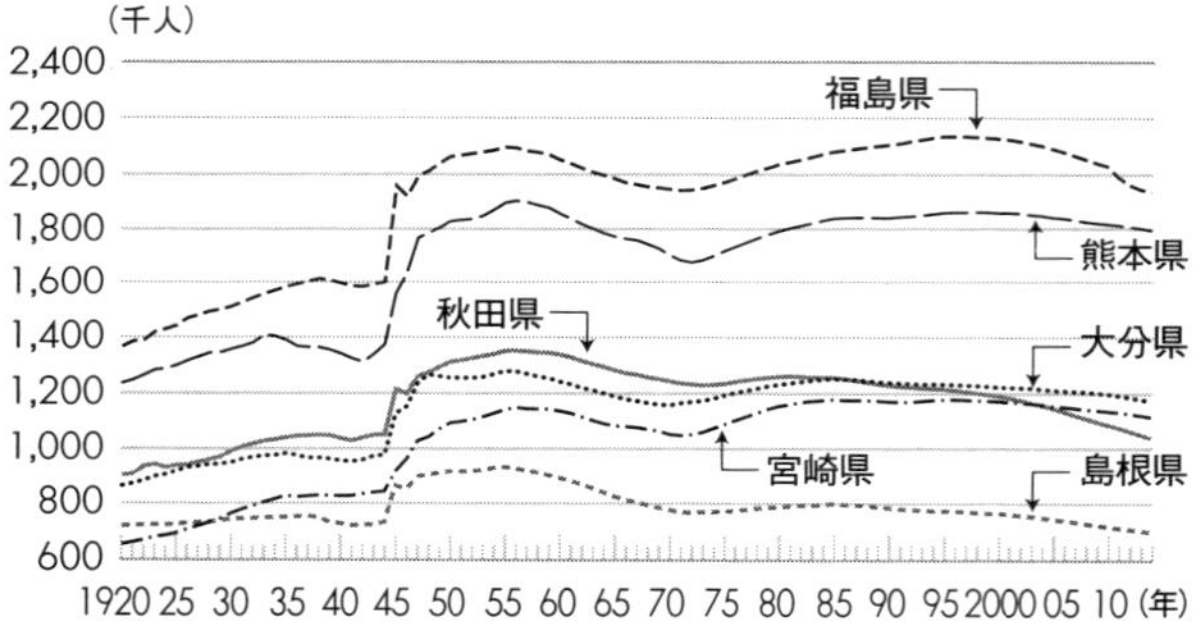

（出所）総務省データよりIGPI作成

いたんです。

増田　あそこの浮世絵コレクションは大変なものですね。日本から流出してしまった。

冨山　それはそれでけしからん話なんですが（笑）、ともあれ『冨嶽《ふがく》三十六景』を見ていたら、今のニコタマ（二子《ふたこ》玉川《たまがわ》、東京都世田谷区）あたりの景色が描かれていて、それを見ると、東京二三区の周辺は全部「里山」だったんだということがよく分かるんですよ。東京二三区でそうですから、今言う里山の多くは、少し遡《さかのぼ》れば誰も住まない土地だったわけです。

そこに今、人口減少という逆向きの波が来ている。だから、「もう少し集中して住むのがいいのか」「今のように拡散して住むほうがいいのか」という選択肢の話ではないでしょう。現状の拡散居住のままでは、もう「もたない」です。むしろ「正常化しよう」という議論に近いと思う。

増田　本当は、今のやり方を数十年続けたらどうなるかを予測して、だから今からこう変えよう、という議論をしないといけない。しかし、古き良き時代の幻想をもとに、将来を論じるような議論になりがちですね。

冨山　「切り捨て」と言われるけれど、むしろ「このままだと農山村が大変なことになるので、財政などの制約のもと、もっとも現実的に対応するため、コンパクト化を応援しよう」という考え方なんです。そもそも日本の長い歴史から見れば、このような拡散居住は最近の現象であり、本当の意味で「古き良き時代」には、日本人はもっと肩を寄せ合って集約居住していたのですから。

増田　あとは将来ビジョンをきちんと示して、いかに住民に納得してもらうか。富山の森市長だって毎週末のように、地域に入ってタウンミーティングを開催していました。その結果として二〇〇六年、全国に先駆けてＬＲＴ（Light Rail Transit：

次世代型路面電車システム）を導入し、その沿線に人や施設が集まってくるような、コンパクト化されたまちづくりにつながっている。

また、老朽化する公共施設の集約・再配置対策も急ぐ必要がありますが、神奈川県秦野《はだの》市では、市民に対し、増大する財政負担と超高齢社会を説明したうえで、「新規のハコモノは建設しない」「機能更新の最優先は義務教育など自治体運営上最重要機能だけ」「四〇年かけてハコモノを三割削減」などの方針を定め、ハコと機能の分離や公民連携を進めています。注目すべきは、これらの取り組みに対し、住民の八〇％近くが理解を示していることです。今後、多くの自治体がこのような公的サービスの集約化について、住民の合意形成を図る必要に迫られるでしょう。

役所からの命令で人々が集住する時代ではありません。行政の側に、相当きめ細かな対応が求められます。

冨山　中心市街地の復活成功例で有名な香川県高松市丸亀町《まるがめまち》の再生をリードしてきた古川康造《ふるかわこうぞう》氏によると、高松市中心部への居住の再集約化で空き家になる郊外施設

（学校や病院などの公共施設やロードサイド店跡地）を、元の農地に戻す運動を官民で協力して始めようとしているそうです。また、高松市では活性化した中心街地に高齢者向けマンションがどんどん建って、周辺の中山間部や郊外からシニア層の移住が進んでいるそうです。小売や外食などの各種サービス業、医療、介護などの産業集積が進み活性化すると、若い世代も戻ってくる。もともと、道路、水道、電気、ガスなどのインフラは整備されています。ほとんど税金を使わずに経済活動の集積度を上げ、その結果、生産性も向上する。他方、そうなると郊外地域では、いい意味での「過疎化」が加速するようです。

今後はそういう「緑の公共事業」が大事になるのかもしれません。一〇〇年前、いや昭和四〇年代までは、そういった場所は農地か、下手をすると自然林、すなわち「もののけ姫」たちの領域だったのですから。集約居住は、それこそ「古き良き日本」への回帰なのです。

増田　そのとおりですね。望ましくはないのでしょうが、今後、将来的に維持が困難となる集落も明らかになるかもしれません。そのような集落の共有的な資産（たとえば神社・寺院、墓地、水道施設や公民館等の公共施設、共有地など）について、移転を図るための合意形成のあり方やルールなどをあらかじめ検討することも必要でしょう。

若者の仕事のためにもコンパクト化を

増田　地方消滅を避けるためにも、地方経済の生産性が上がり、若者が一定の収入を得られる必要があります。拡散居住が続くと、その生産性が低いままになりかねない。

一番いい例は訪問介護・看護だと思うのです。直近一〇年、地方の雇用を支えたのは高齢者の増加に合わせて拡大した医療・介護分野でした。しかし、高齢者が減っていけば広域分散型で医療・介護を支えるのは難しくなります。中山間地域に飛び飛びに高齢者が住んでいたら、移動に時間をとられて、たとえば午前中に一軒、午後三軒しか回ることができない。

冨山　バラバラに住んでいる家を一軒一軒回るのでは、「生産」している時間よりも移動している時間のほうが長くなりかねない。効率が悪いですね。

増田　在宅で介護・看護のサービスをするにあたっては、どうしてもある程度まとまって住んでもらったほうが効率がいい。医療において、医師が診察して回ることを考えても同じです。若者の雇用を守るためにも医療・介護機能を集約し、公共交通機関の利用圏内に高齢者を誘導して、町全体のコンパクトシティ化を進める必要がある。

地方の高齢者数は今後少しずつ減っていくとしても、日本全国では高齢者が増えます。また医療同様に介護もだんだん高度化してきています。介護ロボットを入れて効率化するとしても、かかわる人数をすぐに減らせるわけではない。介護人材の不足が深刻ななか、高齢者の医療・介護体制をどう構築するかは、相当の長期にわたる日本の大きな課題です。その点からも、今後できるだけ高齢者に集住してもらうことは避けられないと思うのです。

地方消滅を防ぐために一番大事なことは、若い人たちが東京ではなく地方に残ろうと思えるだけの仕事の場を、せめて県庁所在地につくることです。そのとき中心的な産業は何になるか。残念ながら農業にはあまり雇用吸収力がない――むしろ今後大規模化すれば減るかもしれない。おそらく可能性が高いのは、医療や福祉サービスです。そうした産業が高い生産性を上げ、従業員にちゃんとした給料を払えるためには、県庁所在地やせめて第二、第三の都市に人をはじめとした資源が集中することが重要になる。

冨山　少子化対策が成功したとしても、当分のあいだ人口は減り続けます。出生率が二を超えないかぎり、生産年齢人口から先に減っていく構図が続くわけだから、どう考えたって、できるだけ集まって住まないと、増田さんがおっしゃったように、社会福祉サービスから真っ先に崩壊していきますよね。

ですからコンパクトシティ化は、農山村やそこに暮らす人たちの「切り捨て」のためではなく、むしろこのままだと悲惨な状況になりかねない農山村に暮らす高齢者のためを考えてのもの。そして、社会福祉サービスの生産性を上げて、地方の若者に十分な賃金を払って、地元に残ってもらうため。集住の必要については、選択の余地がない話だと思う。

増田　次世代のために何ができるか。そこが一番大事です。医療や介護の生産性を上げ、若い人たちにきちんと給与を払い、地元に残ってもらう。たとえば今の盛岡市なら、夫婦で五〇〇万円の収入があれば、子育てしながら暮らしていけます。東京だと六〇〇万円はないと苦しいかもしれませんが、地方は医療費の助成や、保育所の費用免除など支援が充実した自治体も少なくない。五〇〇万円の稼ぎに、そうしたサービスを利用すれば、十分子育てができるのですよ。

一つ付け加えると、「結婚・出産・子育て」への切れ目ない支援はとても大切です。ただ、こうしたサービスを地域間の競争に持ち込むことは避けるべきでしょう。競争がいきすぎれば、財政に影響が出ます。むしろ地域ごとの特色を活かした子育て支援のあり方を考えていくことが本筋でしょう。たとえば、福島県磐《ばん》梯町《だいまち》は、カナダのオリバー市との姉妹都市締結をきっかけに英語教育に力を入れ、それが若い夫婦に評価され、移住に結びついています。

話を戻すと、私は県庁所在地および、県によっては第二、第三の都市——岡山県の倉敷《くらしき》市、広島県の福山《ふくやま》市、呉《くれ》市といったイメージです——に、夫婦で五〇〇万円稼げる仕事をたくさんつくることが重要だと思います。

内閣官房に設置されているのは、「まち・ひと・しごと創生本部」ですが、まず「しごと」をつくり、「ひと」を集め、「まち」を整えるというのが順序だと思います。そのためには雇用の「量」だけではなく、「質」も考慮することが必要です。若者が結婚し、家族を持てるだけの賃金水準を実現していく必要がありますね。

冨山　地方の中核都市じゃないと、そういう仕事を多くは用意できないでしょうね。やはりこの問題については、選択の余地がないと思います。

こうした議論になると、むしろ若者が農村に来ればいいんだ、最近はそうした流れもある、という主張がすぐ出てきます。しかし麻生副総理が「だいたい日本人は鄙《ひな》びたところより、雅《みや》びたところのほうが好きなんだ」と言い放ったのは、おおむね正しいと思いますよ（笑）。私たちも東北地方のいろいろな場所でさまざまな年代の人たちを四〇〇〇人近く雇っていますから、実感として分かります。

それに現状の中山間地で結婚して子どもを育てるだけの収入を得ることは簡単ではない。もちろん、あえて里山を選ぶ若者も一部いるとは思いますけれど、主流になるような数ではない。美しい里山のなかで循環して経済が回っていくという話は、日本の地方全体の話としては無理なんですよ。これは本当に「べき論」でなく、他に選択肢のない話だと思います。

新しい中産階級を生むために

増田　医療・介護が今後の地方経済においても中心になるのは間違いないと思いますが、他の産業についてはどうお考えですか。

冨山　新しい中産階級のモデルをつくれるかが重要ですね。夫が東京の大企業に勤めて、妻は専業主婦で、というモデルではなく、地方で共働きで年収五〇〇万以上を稼ぐイメージ。そこを明確に目指さないと、地方創生でいろいろな産業振興に取り組んでも、結局年収一〇〇万円、二〇〇万円の仕事ばかりつくることになりかねないのです。
実は、観光業はそういう方向にいきがちです。たとえば観光による地方創生の成功例として、先ほども触れられた北海道のニセコ町があります。では実際に増えている雇用の中身を地元の人に聞くと、清掃とかリネン業務とか、年収一〇〇万~二〇〇万円という仕事が中心です。
より高い収入を期待できる仕事については、ホテルチェーンがハイシーズンだけ季節労働者を増やして対応する。夏場の軽井沢が典型的ですね。売っている側も、買っている側も、東京から来ているという。結局、純粋に地元で増えている雇用は低賃金の仕事ばかりになってしまう。おそらく沖縄でも一部でそういう現象が起きているでしょう。

増田　沖縄はそうでしょうね。

冨山　それだと、なんのために観光客を誘致しているのか分からなくなる。もちろん観光業も、単価を上げ、平均稼働率も上げて高生産性産業になれば、地方を支える産業の選択肢になります。鬼怒川の温泉旅館の再生において目指したのもその方向でした。しかし今のところ、多くの観光地は過当競争で十分な単価がとれていないし稼働率も低い。フランスなどは観光産業で中産階級をつくれているでしょうね。ただ、低賃金労働については中東などからの移民で補っています。

増田　まさに東京資本が軽井沢で稼ぐパターンですね。

冨山　そうですね。移民の話はまた後ほどしたいと思いますが、仮にフランスと同じあり方になったとしても、その地域に暮らす人たちが賃金の高い仕事に従事しないと、地域の人が主役になれない。

産業振興戦略を考える際には、その産業によってどの程度の収入を得られる仕事が増えるのかに注意を払わなければいけません。以前の人手が余っていた時期ならば、低収入の仕事でも数さえ増えれば、地方は嬉しかったんですよ。しかし、これだけ人手不足で賃金上昇圧力が働いてくると、もうその手の仕事には困っていない。繰り返しますが、必要なのは共働きで五〇〇万円を稼げるような仕事です。

医療や介護にかぎらず、みちのりホールディングスが展開しているバスや電車などの公共交通機関を含め、ローカル（L）型のサービス産業にはまだ可能性があると思いますよ。

増田　今、経済産業省がLM（ローカルマネジメント）法人という制度を検討していますね。株式会社とNPOのあいだくらいの存在で、税制優遇を受けて公益事業を展開しつつ、収益事業や資金調達を行いやすくするものです。LM法人のかたちで新しい仕事が生まれてくるかもしれませんね。

冨山　それと、これはすべての地域に当てはまることではないですが、地元の産業が国際競争に勝つグローバル・ニッチ・トップ企業（ニッチ分野で国際的に高いシェアを獲得している企業）になる道もあります。

増田　眼鏡フレームの鯖江《さばえ》市（福井県）のように、昔から蓄積された技術がある地域に限られるでしょうか。鯖江は精密機器や医療にも進出していっています。あとは金属加工で知られる燕《つばめ》市、三条《さんじょう》市（ともに新潟県）だとか。

冨山　地域に集積された産業クラスターがないと難しいですね。みんなが鯖江にはなれない。

一次産業にもチャンスあり

増田　藻谷浩介《もたにこうすけ》さん（エコノミスト、日本総合研究所調査部主席研究員）がとりあげる真庭《まにわ》市（岡山県）の林業のような一次産業に目を移すと、当てはまる地域が多くなるかもしれませんね。

二〇一五年五月、安倍首相が和歌山県田辺市中辺路町《なかへちちょう》の林業の現場を視察していましたが、最近の林業は高性能な機械を導入して、伐採から製材まで一人で全部こなせるシステムになっています。女性でも安全に作業できるほど進歩している。ただ、機械の導入には相当の初期投資が必要なのがネックです。

また、流通も相当改革しないといけない。今、外材が円安で高騰していて、国産との価格差がかなり埋まってきているんですよ。このままいくと、中国は木材不足ですから、輸出できるようになるかもしれない。それに加えて、真庭市が積極的に取り組んでいるように、製材時に出る端材を固めたペレットを燃料にして発電する「木質バイオマス発電」などにも取り組めば、林業ももっと競争力が出てくるでしょう。こうしたアイデアを事業化するには個人経営では無理なので、法人化する動きが林業でもっと出てきてほしい。

林業にかぎらず、一次産業については、もっといろいろとチャレンジしてほしいと思います。

冨山 一次産業には、生産性の改善余地が結構あるんですよ。

増田 地元の金融機関がもっと育てていくべき部分ですね。

冨山 そうですね。潜在的な競争力はあるんです。それを研ぎ澄ますことができるかどうか。それには、マネジメントのノウハウと投資が必要になります。しかし、従来型の一次産業の論理に立つ人たちは、企業化・産業化することを嫌うので……。

一次産業にもっと生産性の概念を取り入れるだけで、ずっと変わるはずです。たとえばバイオマスなどの循環エネルギーも、域内で循環しているからといって必ずしも生産性がいいわけじゃない。要は、外から油を買ってくるのと、内部循環で回すのと、どちらの生産性が高いかという比較です。もし外から油を買ったほうがコストパフォーマンスが良いのなら、買ったほうが地域の経済にとっても絶対にプラスです。それを無理に内部循環で賄おうとすれば、経済成長、ひいては所得にマイナスに働いてしまう。

先ほども説明したように、域外にお金が出ていくかどうかの問題ではないんです。域外にお金が流出しないほうがいいんだったら、鎖国したほうがいい。しかし、鎖国したら経済が伸びる、なんてことはないでしょう。ましてや地方の狭い経済圏では、限られた領域でしか他地域より優位性のある産業は存在しえないので、むしろ貧しくなる可能性のほうが高い。

増田　それはそうだ（笑）。地力を持っていないとダメですね。一次産業は地力以前の問題で、補助金漬けで問題が覆い隠されてきた部分が大きいのです。補助金があるあいだだけ取り組んで、補助金が切れた途端にやめるようなことすらある。

冨山　そもそも「生産性」という概念がなかったくらいですから、裏を返せば伸びしろがあるということです。そのためには、補助金などで人為的に設定された境目など、なくしたほうがいいんですよね。

たとえば一次産業と二次産業、三次産業（加工・販売）を融合させる「六次産業化」の議論も、一次と二次と三次が分かれているという前提で設計されがちです。実はつい先ほども二〇一三年に発足したA‐FIVE（株式会社農林漁業成長産業化支援機構）の件で、農林水産省の役人と「ケンカ」になりました。（笑）

今の仕組みは、一つの投資案件に対して、A‐FIVEが五〇％を上限に出資したうえで、残りの二五％超は一次産業従事者、つまり主に農家が自分で出さなければいけない、というものなんですよ。

なぜ一次産業従事者が二五％超出さないといけない縛りが必要なのか、その趣旨が不明なんです。農水省は、一次産業従事者が主体性をもって取り組むため、と言うのですが、どうも旧農地法の考え方を引きずっているように思います。問題なのは、二五％の制限のせいで、トータルの出資額が大きくならないことです。農家の人がたとえば一〇〇〇万円しか払えない、となると、それが二五％を占めるために、案件全体で四〇〇〇万円にしかならない。政府が推し進めている、一次産業の資本集約度を上げて生産性を上げよう、という議論と相容れないのですよ。

むしろ、「三四％必要だ」と言うのだったら分かりますよ。株式会社の拒否権を持てますからね。しかし主体性という意味では、二五％か二〇％かなんて、たいした問題じゃない。だけど、そこに異常にこだわっていましたね。

増田　案件は具体的に出ているんですか？

冨山　六〇件余り、契約しているそうです。順調だからいいじゃないかというけれど、どれも規模が大きくない。二五％という縛りがあって、大きくなりようがない仕組みだからです。

六次産業化を進める際、もともと農業など一次産業に従事していた人が二次産業、三次産業に進出していくことばかり考えられがちです。もちろん、それもあっていい。ただ、二次、三次産業から一次産業に進出するのでも、結果さえ良ければ、どちらでもいいと思うんですよね。しかし、どうしてもそれらを峻別したうえで、一次産業従事者が主体でなければならないという昔からのドグマに支配されている。お客さんから見たらどうでもいい話ですよね。俺は一次産業者がつくったものを食べている、これは二次産業だからやめよう、なんて買う側は誰もそんなこと考えない。

増田　「消費地」である都会にはない、中規模以下の都市が持つ可能性は、まさに一次産業にありますよね。一次産業を発展させるには、当然六次産業化しかない。だから、そのバリエーションを広げて、アイデアが開花する体制を整えないといけないのに……。

冨山　なんでも自由にできるようにしてあげないと。A-FIVEのような支援の枠組みが古くさい産業区分に縛られていると、古くさい産業構造を与件としてしか物事が動かない。その一方で六次産業化と言うのでは、言っていることとやっていることが違うじゃないかと。

浜中町の挑戦

増田　農林水産業から飲食店まで含めた、「食」関連産業の従事者の比率が日本で一番高いのは鹿児島県で、野村総合研究所の調査によると約三六％です。だから鹿児島県で地方創生を進め、若い人たちの仕事の場をつくるには、この分野で稼げるようにするしかない。

昔の業態分類でいうと、農水省は農業はじめ食品関連産業全体を所管しているイメージでしたが、実態は違ってきている。そうなると食品関連産業で仕事の場をつくりだすには、農水省だけでは限界があるんですよ。むしろ民間に任せて、その取り組みにお金をつけるようにしたほうが地元のためになると思います。ただ、どうしてもいまだに農協や系列組織、団体を通さないと話が進まないのが問題です。

冨山　A-FIVEの二五％という枠を取り払おうとすると、関係者間の調整が欠かせないので、結局役人の仕事が増える。だから嫌がるんですよ。その気持ちは分からないではない。でも、そういう話が全体の生産性向上の足かせになっている。

増田　畑作、畜産、そして林業などからモデルケースとなる例を出していきたいですね。コメはあまりに過保護にされてきたから、難しいところもあるかもしれませんが。

とにかく組織を優先させるのでは、もうやっていけないところにきている。一挙に全部を破壊しろ、とは言いません。各地域によって組織の強さや、縛りのきつさに違いがありますから、それぞれのやり方で、しかし着実に組織の影響力を減らしていくべきです。

畜産業、つまり肉やミルクの分野では、農協から距離をとって取り組んでいるところも多いですね。農協に任せず、生産者の顔が見えるかたちでブランド化して、健闘しているところがある。こうした例を地域で育てていくのが大事です。

たとえば北海道の一次産業は素材だけで勝負できてしまうがゆえに、加工に力が入らない傾向にあります。また、ホクレン（ホクレン農業協同組合連合会）の影響力が強くて、生乳を扱っている人たちが独自の「ブランド牛乳」を売り出すようなことがしづらい。そんななか、JA浜中町《はまなかちょう》は特別です。あそこは日本のハーゲンダッツ・アイスクリームの原料になる牛乳を全部つくっている。ああした図抜けたことをやろうとすると、どうしてもホクレンのような上部団体とケンカになってしまう。他の農協ではホクレンが一元的に管理しているところを、直でやるわけですから。

しかしJA浜中町はそれを成し遂げ、さらに金融面も含めて、各農家に最新鋭の機械を導入するサポートをきっちりしている。つまり、本来の農協がやるべき仕事を果たしている。

冨山　そもそも農協は、農家が二次産業に搾取されないためにつくったんですからね。（笑）

増田　そうそう。酪農は乳牛を数百頭単位で飼わなければペイしませんし、品質も安定しませんから初期コストが相当かかります。JA浜中町はそこを乗り越えて、大規模かつ良質な牛乳を安定して出せるから、ハーゲンダッツも確信をもって選べたんでしょうね。

冨山　安定供給は一番のカギです。だからハーゲンダッツが小規模の農協と組めた。

増田　JA浜中町はタカナシ乳業から乳脂肪分四・〇％以上の生乳を使用した「特

選・北海道4・0牛乳」なんてものも出していて、値段は高いけれど、人気がある。ああいうものを北海道の他の地域でもできるはずですけどね。ところが、先ほども言ったように、北海道は農業でも漁業でも、素材だけで競争力があるからその先の工夫につながらない。

明太子なんて福岡名物ですが、原料のたらこは北海道産です。いわば、福岡に上前《うわまえ》をはねられているかたちなんだけれど、文句を言わずにやってしまう。自前で工夫すればより儲《もう》かるはずなのに。冨山さんの理論じゃないけれど、もっと追い詰められないと、アイデアは出てこないんですかね。

冨山 だんだん湯が煮えてきているのに気づかない「ゆでガエル」にならないようにしないといけないですね。

増田 浜中町のような例外を除くと、北海道の農業で戦えているのは十勝《とかち》ぐらいですよ。十勝管内は一戸あたりの耕地面積が約三八ヘクタールで、北海道平均の約二倍あるのが強みです。とはいえ北海道からは「ゆめぴりか」のように競争力の高いコメが出てきたりもしています。農業については安倍政権もさまざまな議論を行っていますし、可能性が開けているのではないでしょうか。

漁業は規制強化すべし

冨山　そうなると、問題が根深いのは漁業ですね。

増田　同感です。今は「オリンピック方式」といって全員参加、自由競争、早い者勝ちで魚を獲っています。そのため、ニシンが来るといっぺんに獲ってしまって、加工が追いつかず腐らせてしまうようなことが起きる。もっと計画的に資源管理をして、たとえば二歳魚ではなく三歳魚を獲るようにすれば、魚の体も大きくなって、はるかに高く売れるはずなんです。

ノルウェーをモデルに「個別割当方式（IQ方式）」と言われる資源管理をきちんとやらなければどうしようもない。ノルウェーでは、獲った魚を船上で加工して、陸に揚げるときは加工が終わっている。大きな船を中心に、きちんとした資源管理をやっているからできることですね。すぐに切り替えるのは難しいとしても、日本の漁業もその方向に変わるべきだと思います。

冨山 漁業については、市場も失敗するという好例ですね。明らかに規制強化、統制型の産業システムが必要です。ある種のカルテル方式で、漁獲量を個々に割り当てる。すると、なるべく大きい魚を獲ろうというインセンティブが働きます。今の日本は、早くたくさん獲ったほうが得というインセンティブになっているので、魚が小さいうちに取り尽くしてしまい、結果として魚が高く売れません。

増田 一次産業については、規制を緩和すべきところと、逆にかけるべきところが混在していますよね。そこを解きほぐさないと。

冨山 やり方を切り替えようとすると、現状のオリンピック方式で勝っている人たちは嫌がるでしょう。「勝ち組」にとっては、レギュレーション（規則）を変えられるのは不都合なわけです。既得権の問題になっちゃう。

しかし政府の規制改革会議でも、このテーマについては規制強化が必要という意見で一致を見ているんですよ。あの八田《はった》達夫先生（経済学者、公益財団法人アジア成長研究所所長）が強烈に規制強化を主張しているんですから。

増田　そう、常に規制緩和を主張する八田さんがね（笑）。それほど答えは明快に出ているということですよね。

Gの世界からの再分配の是非

増田　アベノミクスで株価も上がり、経済も回りはじめています。ただ、ピケティの『21世紀の資本』がベストセラーになり、来日もしてブームになった影響だと思いますが、格差の話が国会などでもとりあげられるようになりました。

そこではグローバル（G）の世界の大企業はものすごく儲かっているけれども、ローカル（L）の世界にはその恩恵が届いていない。だからGの世界からLの世界へ、もっと再分配すべきだ、という意見が出てきていますね。本章の最後にこの議論について考えましょう。

冨山　僕はナンセンスだと思います。Gの世界とLの世界はもともと関係がない、別の世界ですから。

増田　製造業中心のGの企業と、サービス産業中心のLの企業とは、あまりつながりがない。

冨山　そうです。かつてのようにLの企業の多くがGの企業の下請けだった時代ならともかく、別の世界なので搾取のしようがない。Lの企業に比べて、Gの企業の生産性が大きく向上しているから、差がついてしまっているというだけのことです。

増田　Gの世界はGの世界で、世界を舞台に生き死にをかけた戦いをやっているわけですよね。その結果得たGの果実をLのほうに持っていくと、生産性の非常に低い企業の延命につながるだけになりかねない。やはり地方経済は自らの生産性を上げるほかないということですね。

第2章

L型大学から地方政治まで

——地域のために何ができるか?

冨山和彦氏

ブラック企業を取り締まる

増田　この章では行政、政治、大学、企業、そして個々人などさまざまなアクターが地方創生に向けて何ができるか、考えていきたいと思います。

今進められている地方創生においては、二〇一四年末に「まち・ひと・しごと創生長期ビジョン」と「総合戦略」が閣議決定され、二〇一五年に入ってからは各自治体が地方版の長期ビジョンと総合戦略づくりを進めています。

行政がまず動きましょうということですが、地方創生にはローカル経済の復活が欠かせません。まずは民間同士の切磋琢磨が基本だと思いますが、そこに行政はどうかかわっていくべきとお考えですか。

冨山　私は「強きを助け、弱きを退《ひ》かせる」がキーワードだと思っています。

前章でも繰り返し「選択と集中」の必要を述べてきたように、地方創生に向けていろいろな戦略が出てきたときに、全部を採用しようという発想はダメです。

本当にやる気とポテンシャルのある産業、企業、経営者、つまり「強き」に資源を集中するようなプランを出してきた地方にお金や権限を与えるべきですね。

それは、地方間の格差につながるし、同じ地方のなかでも格差をつけることになります。しっかり応援してもらえる「強い」産業や企業と、市場からの退出を促される「弱い」産業や企業とのあいだにメリハリをつけることができるか。「強き」も「弱き」も共倒れになってしまわないために、ここが地方を応援する際のカギだと思います。

ただし、「弱きを退《ひ》かせる」というのは難しい。そのときに活用すべき分野は「金融」と「労働」だと考えています。

まず金融に関しては、政府系金融機関がゾンビ延命型の融資や保証から思いきって手を引くことです。政府系金融機関がお金を出す、あるいは信用保証協会が保証をつけるなら、むしろ前途有望な、可能性のある企業を思いきり「えこひいき」して応援すべきです。プロ野球でいえば、大谷（翔平）君みたいな（笑）。今は逆に、引退間近の大ベテランを無理に延命するためにお金を使っている。そして年間数千億円の税金がその穴埋めに使われている。そんな延命に税金を使うより、その人たちがスムーズに市場から退出するための転廃業支援を行ったほうがいいです。税制も含めて、スムーズな退出を進める方向にお金の傾斜をつける。

一方の労働に関しては、労働基準監督を厳しくしたり、時間外労働の制限を思いきり強化すべきですよ。最低賃金についても引き上げたほうがいい、というのが私の持論です。

増田 なるほど。労働については規制強化ではないかもしれないけれど、悪いことをしている企業はちゃんと厳しく罰する。

冨山 バシバシやってしまったほうがいい。そもそも生産性の高い会社は従業員をきちんと遇する「ホワイト」な経営ができるものです。生産性の低い会社が「ブラック」になってしまう。人余りの時代だと、ブラックな企業がつぶれると、そこで働く人の行き場がないという問題が生じましたが、繰り返し言ってきたように、今は人手不足の時代ですから、心置きなく生産性の高い会社を応援すべきです。むしろブラックな会社がつぶれて、そこから出てきた余剰労働力がホワイトな会社に吸収されていくことが望ましい。中小、零細企業も含めて、労働については取り締まりを強化したほうがいいという考えです。

増田　その「強きを助け、弱きをくじく」ために……。

冨山　弱きを「退《ひ》かせる」ですね、「くじく」というとおこがましい。（笑）

増田　そうだ（笑）。その「弱き」に対してスムーズな転廃業を勧めたり、生産性が低いゆえにブラックな経営に走る企業を厳しく取り締まるというのは、大事なところですね。

冨山　すごく大事ですね。しかしこの点、議論が錯綜《さくそう》しがちなんです。生産性の低い零細企業の労働環境を厳しく制限すると、結果として零細企業にかかわるみんなが不幸になってしまう、と考える人が多い。たしかに、その企業がなくなって経営者は困るかもしれないけれど、人手不足ですから労働者は別のホワイトな企業に移るチャンスがある。経営者と労働者は分けて考えたほうがいいのです。

増田　自治体のトップは選挙で選ばれる政治家です。政治の世界のパフォーマンスとして、「弱き」を助けないといけない、という面があります。そのため、政治も行政もそうした方向に引きずられるんですが、ここで大事なことは、生産性の高い「強い」企業＝ホワイトな企業を応援し、ブラックに走る「弱い」企業を叩くことが、結局は弱者を本当の意味で助けることにつながっている。

冨山　そうですね。ブラックな企業で働く弱い労働者をどう助けられるかということが大事です。

今は幸い、政府が税金で一生懸命支えなくても、ホワイトな企業が民間経済のなかで彼らの雇用を吸収してくれる状況です。ローカル経済の新陳代謝を進める意味でいうと、人手不足の現在は史上空前の好機到来だと思うんですよ。一〇年前にわれわれが産業再生機構をやっていたころは、地方で人が余っていたので、こんなことは口が裂けても言えなかった。この一〇年で本当にパラダイムが変わりました。

日本の最低賃金は低すぎる

増田　人手不足は経営のホワイト化のためにもチャンスだということですね。そして、最低賃金も上げるべきだと。その最低賃金を払えないような生産性の低い企業は市場から退出したほうがいい。人手不足なので失業者が路頭に迷うこともないから。

冨山　そう思います。日本の最低賃金は低すぎるので、上げたほうがいいと思いますよ。

増田　私が知事をしていた岩手県の最低賃金は二〇一四年度で時給六七八円、前年度の六六五円からは上がりましたが、まだ全国で下から二番目の額です。

冨山　ドルベースで見ると、今の日本の最低賃金って異常に安いですよ。先進諸国の最低賃金の相場観はだいたい一〇ドル。一ドル＝一二〇円なら一二〇〇円です。

増田　その場合、岩手県の最低賃金は五ドルから六ドルですか。

冨山　岩手県の最低賃金をドル換算で欧米の人に伝えたら、みんなびっくりしますよ。あなたの国は本当に先進国なんですかと聞かれるはずです。

増田　最低ラインで企業経営しているということは、欧米から見ると労働者をこき使っていることになりますね。

冨山　世界からはそう見えますよね。

増田　人余りの時代ならば、それでもやってこられた。でも、今はもう人が集まらない。若い人たちは少しでも時給の高い東京へ出てしまい、地方の人口はますます減少していく。結局自分たちの首を絞めることになります。

冨山　長期的には、地方が直面している人口減少と経済衰退の負のスパイラルを加速する結果になりますね。人余りの時代のローカル経済圏では、大手製造業からあぶれてきた人たちの受け皿として、むしろ労働生産性が低い企業のほうが雇用吸収力があり、役立った面もあったかもしれません。しかし、そういう時代は終わったということですね。

うかつに新産業に飛びつかない

増田　昨年（二〇一四年）、冨山さんと一緒に出席していた政府の「まち・ひと・しごと創生会議」で自治体の首長のヒアリングを行ったときのことを覚えています。会議の後で冨山さんが「自治体の首長が、最低賃金がいくらか答えられなかったでしょう」と言っていた。

地元に仕事をつくるとなると、再生可能エネルギーだとか、そういう話ばかりに目が向くけれど、若い人たちが東京に出ていくのを本気で防ぐならば、まずは自分の県の最低賃金を把握するところから始めるべきです。そのうえで、今の地域産業の生産性をどう改善するかといったことを考えなければ、東京に出ていく流れは止められない。それでも、目新しいやり方にしか関心が向かないんですよね。

冨山　そう。だから首長は……、増田さんも昔知事だったんですけど。（笑）

増田　さすがに最低賃金は把握しています。「国にもっと文句言え！」と共産党からいつも怒られていたから。最低賃金を上げるには、今ある仕事の質を高めて生産性を上げるしかないですよね。

冨山　どうしてもマスメディア、とくにテレビは再生可能エネルギーとか、形が見えて、イベント性があるものに飛びつくんですよね。政治や行政も何か新しいものを手がけることで、雇用をつくりだしました、と自分の手柄にしたがるんです。

新産業を創造するのは素晴らしいことのようですが、創造された産業の生産性や賃金が高くなかったら、実は全然やる意味はないんですよ。仕事が足りない時代であれば、それなりにニーズがあった話ですが、今は仕事の数は足りている。増田さんが言われたように、仕事のクオリティーを上げることが大事です。

たとえば、みちのりホールディングスでは年収四〇〇万円出せるわけです。そうすると、東北や北関東に新産業を誘致して年収二〇〇万円、三〇〇万円の仕事をつくりだしたとしても、あまり意味がないんですよ。

増田 そうですね。たとえば岩手県だと東京圏より物価水準が低いから、夫が四〇〇万円稼ぐと生活していける。

冨山 経済産業省の定量分析によると、鳥取県倉吉《くらよし》市の年収五〇〇万円に相当するのが、東京では一一〇〇万円にあたるという計算でした。地方では当たり前の、家族四人で一〇〇平米の家に暮らす生活をしようと思ったら、倉吉市では五〇〇万円ですむところ、東京では一一〇〇万円ないと難しいんですよ。

加えて、地方のほうが共働きしやすいですから、夫に四〇〇万円の収入があれば、夫婦で六〇〇万円が見えてきます。

増田　地方が共働きしやすいというのは、東京と違って職住近接で職場と住まいがせいぜい三〇分くらいしか離れていないからですね。何かあったら、夫婦のどちらかが家に立ち寄ったりできる距離です。

冨山　みんな車通勤、軽自動車中心に一人一台で機動力があるし。両親や祖父母が近くにいる場合も多いので頼れます。

増田　同居はうっとうしいという人も多いけど、ほどほどの近さに住めばいい。

冨山　スープが「ちょっと冷める」程度の場所にいてくれるといい。（笑）

増田　若い人も、東京の刺激を好む人ばかりではなくて、本当は地元に帰りたいものの、いい仕事がないから東京で必死にがんばっているという人も多いと思います。安心して結婚して子どもをつくれるような稼ぎのある仕事が増えれば、地元に戻ろうという人も多くなるでしょう。

都会にいると、何につけても余裕がなく、なかなか地元にまで目が届かないかもしれない。もう少し余裕があれば、大学は東京に出たけれど、就職は戻ろうという人も増えると思うんだけれど……。

G型大学、L型大学の真意

増田 さて、大学の話が出たところで、二〇一四年一〇月の文部科学省の「実践的な職業教育を行う新たな高等教育機関の制度化に関する有識者会議」での「G型大学」「L型大学」の提言(図5)がネットで公開され、「炎上」した冨山さんにぜひ大学の話をお聞きしたい。(笑)

冨山 いまだに炎上しています。(笑)

増田 私にも、地方大学は地元の人材を地元の企業のために鍛える役割をもっと果たしてほしいなという思いはあります。

私が知事の時代は、製造業が主流という岩手県の産業構造をふまえ、むしろ高

図5　冨山氏による「G型大学」「L型大学」の提言

職業訓練の高度化を専門学校、専修学校の看板の架け替えに矮小化すべきではない！
ごく一部のTop Tier（超一流）校・学部以外はL型大学と位置づけ、職業訓練校化する議論も射程に！

・大半の大学に、今後の雇用の圧倒的多数を占める「ジョブ型雇用」における職業訓練機能を果たさせることがこの議論の本丸

	企業の環境変化・課題	雇用・人材レベル	対象大学	大学に求められる役割
Gの世界	グローバル競争はいっそう激化し、世界トップクラスのみが生き残れる世界⇒競争力強化が課題	・雇用は長期的に漸減傾向 ・人材レベルはいっそう高度化（少数精鋭化）	ごく一部のTop Tier校・学部に限定	グローバルで通用する、きわめて高度なプロフェッショナル人材の輩出
Lの世界	生産年齢人口が減少し、労働力不足が深刻化⇒生産性向上・労働参加率の向上が課題	・雇用は長期的に増加傾向（労働力不足が深刻化） ・平均的・汎用的な技能を持つ人材が求められる	その他の大学・学部 ▽ 「新たな高等教育機関」に吸収されるべき	生産性向上に資するスキル保持者の輩出（職業訓練）

L型大学（含む専修・専門学校）では、「学問」よりも「実践力」を

L型大学で学ぶべき内容（例）

文学・英文学部	シェイクスピア、文学概論	ではなく、	TOEICスコアアップ、観光業で必要となるレベルの英語、地元の歴史・文化の名所説明力
経済・経済学部	サミュエルソン経済学、マイケル・ポーター競争戦略論	ではなく、	簿記会計、最新の会計ソフトの使い方
法学部	憲法、刑法	ではなく、	宅建合格、ビジネス法務合格、大型第二種免許合格
工学部	機械力学、流体力学	ではなく、	最新鋭の工作機械の使い方やプログラミング言語の修得

校生を鍛えたほうがいいんじゃないかと考え、二〇〇七年に黒沢尻《くろさわじり》工業高校に専攻科を設置しました。工業高校を卒業した後、ものづくりの専門教育を二年間受けるというものです。

ただ、世の中の流れは高学歴化ですから、より注目されているのは大学のあり方ですね。大学人が真剣に考えるべき問題でもありますけど、冨山さんは企業経営の視点から「G型大学」「L型大学」という提言をされて物議をかもしました。

冨山 大学は学校教育法で定義されていて、「大学は、学術の中心として、広く知識を授けるとともに、深く専門の学芸を教授研究し、知的、道徳的及び応用的能力を展開させることを目的とする」(第八十三条)。つまり「学術の中心」という位置づけになっている。つまり、基本的に大学というのは「アカデミックなことをやる場所」であって、職業教育なんてものは大学でやるべきではない、としているんですね。

しかし学校教育法ができたのは戦後まもない昭和二二(一九四七)年です。大学進学率が一〇%未満の時代です。今は約五〇%が進学する「大学全入」時代でしょう。そこで全員学術をやるのかよ、と。

もちろん学術は必要です。けれども、大学は「学術の中心」としてもっぱら学術をやるという法律の定義と、現実の大学の姿に矛盾が起きているんですね。実際には、大学に進学した人のほとんどは卒業後すぐ産業界に出て、そこで生産活動をするわけです。そう考えると最終学歴の四年間で学術的な「教養」ばかりを勉強されても困る。

これが今までなんとかなってきた理由は、大学の四年間、学術的な「教養」を勉強したにせよ、マージャンばかりやってきたにせよ、大企業がとりあえず引き受けてきたからです。終身雇用・年功制の大企業が、ゼロから職業訓練をやってくれていた。しかし、この前提も崩壊してしまった。いわゆる大企業に就職できる大学生は、今や新卒のうちの三割程度しかいないと言われています。

大学進学率と掛け合わせると、今どきの若者の八割以上は中小企業に就職するのです。中小企業の九割はサービス産業です。大企業よりも中小、製造業よりもサービス産業のほうが労働の流動性は高い。すなわち転職率の高い職場です。ち

なみに大卒で大手に入れた学生さんも、三年以内に三割くらいが離職していると
いう調査データもあるようです。

大企業の正社員になれた、そしてそのままずっと同じ会社でがんばり続けられるごく一部の学生は、入社してからゆっくりと職業訓練してもらえるから大学で学術を学んでいてもいいかもしれない。しかし、残りの八割以上は企業で職業訓練を受ける余裕はないので、大学進学率をもっと上げる一方で、そこでもっと職業訓練、実学をやりましょうと書いたら炎上しちゃったんですよ。

簿記会計こそ教養

増田　批判の主たるところは?

冨山　典型的な批判は、主に大学の文科系からですね。「日本の教育体系の頂点で学術をやっている大学教員たる者に職業訓練をやらせるというのは、アカデミズムに対する冒瀆《ぼうとく》である」と。いまだに批判が来ています。

増田　産業界はどんな反応ですか。

冨山　産業界はみんな拍手ですよ（笑）。学校教育法の大学の定義を教えるとみんな驚いています。職業訓練や実学教育は大学でやってはいけない、とまでは言わないけれど、本筋ではないとされているわけですから。実は地方でがんばっている大学の教員からも結構、応援メッセージが来ました。彼らは現場のリアリティーを知っているので。急に大学からの講演依頼が増えて、スケジュール調整でうちの秘書が困っています。（笑）

法科大学院をはじめとした専門職大学院についても、学校教育法の大学の定義は変更せずに、「解釈改憲」みたいなかたちで導入しているんです。なし崩しにやってきたので、いまだに専門職大学院は大学のなかでは「二級市民」ですよ。だから残念ながら「ビミョー」な展開になっている。

増田　そうそう、腰が据わっていなくてね。私も東大の公共政策大学院の客員教授を務めていますが、部屋の広さから何から圧倒的に劣後に置かれているわけですよ。

冨山　アメリカでは考えられないですよ。公共政策や公共経営を教えるハーバード大学のケネディスクールにしたって、ビジネススクールにしたって、ロースクールにしたって、ものすごく偉そうにしていますよ。（笑）

増田　大学にはいまだに実務家教員を軽視する雰囲気がありますよね。迎え入れるときは平身低頭で、いざいくと既存の学部の教員のほうが偉い。

冨山　Ph.D.（博士号）を持っていない人は、大学の世界においては「二級市民」なんですよ。実際の大学設置基準でも、Ph.D.を持った教員を圧倒的に優先するのですが、彼らは実学を教育する訓練を受けていないですからね。

増田　一八歳で大学に入って、学部の学生から大学院生、そして大学に残って……ずっと大学のなかにいるわけでしょう。

冨山　だから、もっとも「一般教養」がない人たちなんですよ。学術的な一般教養と称するものは詳しいかもしれないけれど、本来の一般教養って要するにリベラル「アーツ」、つまり技法でしょう。リベラルアーツの本旨というのは、人間が現実社会を生きていくための「知の技法」のことを言うんですよ。

そう考えたとき、「サミュエルソンの経済学」と「簿記会計」のどちらが、人間が生きていくための知の技法かって、簿記会計に決まっているじゃないですか。こちらが本当の教養なんですよ。これを教えるべきだと主張したら、そんなものは教養じゃないと言われて炎上してしまった。

しかし「知の技法」すなわちものを考える力の基礎は言葉です。簿記会計は、経済活動を計量的に記述する言語そのものであり、これは実践スキルとして身体的に身につけておかないと、ビジネスや会社経営について「ものを考える」ことができない。「これこそ教養だ、複式簿記というのは人類史上空前の発明だ」と声を大にして言いたいんですが、彼らには通じないんですよ。逆に「簿記のようなすぐに役に立つ実務技能はすぐに役に立たなくなる」とか言いだすのですが、複式簿記の基本構造は数百年にわたって変わっていません。歴史的に「すぐに役に立たなくなった」事実はない。学者なんだからせめて歴史的事実には忠実な発言をしてもらいたい。（笑）

増田　産業界からすると違和感があるのでしょうね。大学では経営学のほうが経済学よりずっと下に置かれてしまいますし。

冨山　教養学部時代に都留重人訳の『サムエルソン経済学』を読まされませんでした？

増田　読んだ、読んだ、こんな厚いのをね。

冨山　僕も一般教養科目の「経済原論」の講義で読んだけれど、人生でまったく役に立っていないです（笑）。僕が経済の世界を生きていくうえで簿記会計が「一〇〇」の役に立ったとしたら、サミュエルソンは「〇・一」も役に立っていないです。

人文社会系の先生たちは、「答えのない問いに答えられるようになるには教養が必要で、人文社会系の教育は不可欠だ。オックスフォードやハーバードでも教養教育を重視している」とか言います。しかしそれは「答えのある基礎的な問い」に答えられる能力、すなわち言語論理、基礎数学や簿記会計のような、各領域における基礎的な言語能力をクリアしていることが大前提です。言語能力というものは、まずはとにかく詰め込み、叩き込むしかない。ほとんど訓練の世界。上等な話はその先です。

弊社にオックスフォード大の文系の看板学部であるＰＰＥ（Philosophy, Politics and Economics）を卒業した若手の女性がいます。ＰＰＥは高度なリベラルアーツ教育と英国首相をもっとも多く輩出していることで有名ですが、彼女から聞いたその中身といったら、日本の文系学部には絶対に不可能な「濃い」「すごい」内容です。学生は超少数精鋭で、先生の数も多く、授業内容は超デマンディング（要求が激しいこと）で学生も超やる気まんまん。日本の平均的な文系大学はもちろん、おそらく東大の文系ともまったく比較にならない。自分たちがやってもいない、できもしない例を持ち出して、自分たちのような文系教員が必要だと言われても説得力はありません。

地方創生と大学

増田　今、地方創生において「産・学・官・金・労・言」といって、従来の産学官のみならず、金融や労働界、そしてマスコミも含めた取り組みの必要性が言われています。

そのなかでも産と学との連携は長らく言われてきたけれども、置かれている立場や視点が異なり、うまくいかない。とくに、今話した「学」の側の根っこの考え方を変えないと難しいのではないでしょうか。

地方創生における大学の問題というのは、地方の高校生が東京の大学に進学してしまう流れを変えて、地元大学への進学率を高めて、さらに地元の企業に就職する率を高めようということが一つありますよね。

冨山　そうですね。

増田　そのとき地元大学がすべきことは何か。今の話の流れからすると、実務に通じた教員のもとで職業教育を徹底することがまず考えられます。大学の周りに企業はたくさんあり、材料はそろっているから本来はできるはずなんですが……。冨山さん流に言えば、英文学科でシェイクスピアを読んでいるのはどうなんだと。

冨山　そうなんです。ただ、地方大学の理系は比較的がんばっていると思います。むしろ理系に関しては、地方の大学のほうが地域の産業と近いケースが多いという実感があります。そして、授業に職業実習的なものも取り入れて、寺山修司じゃないですが「書を捨てよ、町へ出よう」式の教育も取り入れている。

増田　そのための資金もだいぶ用意されてきていますからね。国立大学でも寄附講座をつくれるようになって以降、企業の目が大学に向いてきた。山形大学の工学部などは二〇一一年に有機エレクトロニクス研究センターを設立したり、ずいぶん特色を出していますよね。

冨山　とにかくダメなのは文系ですよね。理系よりずっと数の多い文系の学生たちが微妙な四年間を過ごして、就職できなかったりしている。

実は文系の場合も、簿記会計のような実学的な基礎言語をしっかり身につけたら、次は実社会でシビアな問題に真剣勝負で取り組ませたほうが「答えのない問い」に立ち向かう能力、すなわち真の教養は身につきます。

私たちが体験してきたリアルな「答えのない問い」の例を紹介しましょう。旅館業でどうしてもリストラをしなくてはならないとき、業務成績は悪いけれど実家に預けた子どもの学費を必死に稼いでいるシングルマザーの仲居さんと、業務成績はいいけれど金持ちの実家から花嫁修業で腰掛的に働いている仲居さんのどちらに辞めてもらうべきか？　この前の東日本大震災による原発事故に際し、原発二〇キロメートル圏内に取り残されているお年寄りや病人、小さな子どもを抱えたお母さんたちを直ちに救い出せるのは、私たちが福島県と茨城県でやっているバス会社しかありませんでした。そこで一〇〇台のバスを避難移送のために三月一二日の早朝から緊急出動させるべきか否か？

こうした状況で役に立つ人材が、今の文系大学の教養教育ごっこで育つとは到底思えません。世間知らずの大学の先生と教室のなかでマイケル・サンデルのまねごとをいくらやっても、教養教育ごっこにすぎないのです。

英文の話に戻ると、地方だと今、語学が一番必要なのは観光ですね。だから、観光業として必要な語学力をちゃんと叩き込む教育を英語教員はやってほしい。シェイクスピアを読んで、"to be or not to be"もちょっとぐらいはやってもいいんだけど、まずは観光に必要な語学を真剣に教えるべきだし、それを教えられる教員を集めるべきでしょう。それこそベルリッツやECCから有能な教員をスカウトすればいいんですよ。Ph.D. なんか、はっきり言って必要ないです。

観光ビジネスを学べる大学を

冨山　文学だけでなく、経済学部も問題だと思います。今の経済学部の教育は、エコノミストをつくるための教育なんですよ。だけど、地方の大学を出て東京でエコノミストになる人なんてほぼ皆無です。そんな暇があったら、簿記会計やホテル経営などをちゃんと教えるべきでしょう。

ホテル経営を教えるのに、Ph.D. なんか必要ないですよ。むしろホテル経営の世界で結果を残した人が適任です。また同じ研究者だとしても、コーネル大学のホテル経営大学院をはじめ欧米には超一流の実務的な学校がありますから、そこで学んだ人を連れてくる。

増田　コーネル大学ホテル経営大学院といえば、星野リゾート社長の星野佳路《よしはる》氏ね。

冨山　そういう人たちを連れてきて、きわめて実践的なホテル経営のノウハウを教え込むべき。そうすれば学生は集まりますよ。

しかし、今の日本でホテル経営を学べるコースをつくるというと、結局半分ぐらいはPh.D.持ちになってしまうでしょう。すると、『ホテル学』学」みたいな机上の学問になってしまう。「どうすればこの季節にキャンペーンで人を集められるか」「どうやったらリピート客をつかめるか」「どうすれば、おもてなしを銭にできるか」といったことを教えられる人はなかなかいない。

増田 そこが今、日本の大学にぽっかり抜けてしまっているところですね。

二〇一八年以降、一八歳人口が激減しますから、大学経営は厳しい局面にあります。そんななかでも、今話されたような、実践的にホテル経営を学べる大学が岩手県にできれば、全国から、少なくとも東日本から学生が押し寄せるでしょうね。

冨山 私の田舎の和歌山大学には、観光学部があるんですよ。ただ、もうちょっとがんばらないと。知らないでしょう? しかし、コーネル大学はみんな知っているわけですよ。観光を学びたい人が世界中から集まるので、最先端の観光ビジネスモデルをはじめ、知識がコーネル大学に集まっています。日本に東日本、西日本に一つずつでも、そうした観光ビジネスを学べる大学があるといいですね。

増田　欲しいですね。今や東京も京都・大阪も中国人で溢れかえっていますが、日本の人口が今後減っていくなか、海外から人と消費を呼び込む観光業への期待は大きいですね。コーネル大学ホテル経営大学院のようなものができて、大学と観光産業のあいだで好循環が生まれるといいですね。

冨山　今、職業教育を行う新たな学校制度の創設が議論されています。既存の大学や短大、専門学校からの移行も含めて、実学志向の教育を行う機関です。もし制度化されるのであれば、そうした実学志向の学校には、Ph.D. を持っていても実践経験がない教員の比率に上限をつけるべきです。たとえば二割以下にする。そして徹底的に実践に根ざした教育を行う。私に言わせれば、そのほうが絶対に深い人間教育ができる。

現在の大学でも、われわれのように Ph.D. をとっていなくても、大学の先生になることはできます。しかし実際は三分の二ぐらい Ph.D. 持ちが占めている。選ぶ側も、自分の後輩や弟子でPh.D.をとった子を採用したくなるのが心情なので、結果的にPh.D.だらけになるんです。職業教育学校でも、放っておくと同じことになりかねない。だから、上限をつけろと主張しています。こうしてまた敵が増えるんですけど。(笑)

増田 政府の「まち・ひと・しごと創生総合戦略」を見ると、「地方大学等創生5か年戦略」として「知の拠点としての地方大学強化プラン」「地元学生定着促進プラン」「地域人材育成プラン」とかいろいろ書いてある。だけど、冨山さんが主張しているようなことをもっと掘り下げて取り組まないと、地方の人材の質を高めることにつながらないでしょうね。

もちろん、経営人材が東京から地方へ移住して、みちのりホールディングスのような展開をするというルートも大切だと思いますし、このことも後で議論したいと思います。でも、一番太い幹としては、自分の地域の大学から人材が育っていかないと。

冨山 短期的には高度人材の還流ということも大事ですが、長期的には地域の若年層からいい人材が湧き出てこないと。そうして経営層から現場まで、ちゃんと人材がそろうことが大切です。

政治人材の不足

増田　次に政治の役割について話をしたいと思います。二〇一五年四月に統一地方選があり、地方創生が大きなテーマになったわけですが、選挙自体はまったく盛り上がりに欠けたものでした。

投票率が如実に示していて、四一道府県議選の平均投票率が五割を切るなど、軒並み過去最低を更新しました。せめて投票率五割は超えてほしいところでしたが……。地方政治は危機的な状況にあると思いますが、状況は国政でもあまり変わらず、二〇一四年一二月の衆議院総選挙の投票率は五二・六六％まで下がりました。

国政でも地方政治でも、自分たちの地域をよくするために代表者を選び、選ばれた人々が議会で議論する――代表制民主主義が形骸化しています。さらに政治の中身を見ても、選挙で勝つために耳あたりのいいことを言い、負担の先送りばかりやっている。右肩上がりの時代が終わった今、いかに負担を分かち合うのか、税の使い道を従来のものから新しいものへどう移すのか、といった議論をしなければならないはずです。変化している社会と、変われない政治とが、うまくマッチしていない点に本質的な問題があると思うのです。

冨山　前の章でも出た痛みの再分配の問題ですね。

増田　そうです。

また、さらに深刻な事態も起きています。国政ではまだ問題になっていませんが、地方政治においては、自分たちの代表者を選ぼうにもその候補者に事欠く状況が目立ってきました。それでも市長や村長などの首長は一人だけなので、なんとか選ぶことができています（無投票も多いですが）。

問題は地方議会で、今回の道府県議選では選挙区の約三分の一、議席数の二割以上が無投票でした。また、より地方に目を向けると、一〇人程度の定数の確保すら難しいため、定数を削減してなんとか議席を埋めているようなケースが増えているのです。

地方における経営人材の不足という話もありましたが、政治人材も非常に不足していることを示した統一地方選でしたね。

冨山　たしかに地方にいくほど、経済の話と政治の話が合わせ鏡になっている感じがします。政治に人がいない地域は、だいたい経済にも人がいない。

地方議会は必要なのか

増田　地方消滅を避けるため、各自治体は今年度（二〇一五年度）中に地方版の「総合戦略」と「人口ビジョン」をつくることになっています。さまざまな提案がなされ、自分たちの暮らす自治体の将来を考えた自由闊達な議論が交わされ……ということが期待されてはいるのですが、それが曲がりなりにもできる自治体というのは実は限られているな、と言わざるをえません。前の章で触れたように、第一号の京丹後市の総合戦略がああした内容でしたしね。

もはや地方消滅を防ぐための戦略を議論する土壌すら崩れかけていることを、今回の統一地方選が見せつけました。実際に、コンサルティング会社に丸投げする自治体が出る事態も危惧されています。このままでは自分たちの自治体が消滅するかもしれないのに、その対策を考えることもできないでどうするのか。

また、人材の問題と合わせて、地方議会のあり方は相当変えなければならないとも思いました。たとえば夜間議会を開くことで少しでも傍聴者を増やすような努力をしないと、緊張感がなくなる。すると、兵庫県の号泣県議みたいなのが出てくる。

冨山 （笑）

増田 傍聴席に一人でも二人でもいると、明らかに議場の空気は違ってくるのですよ。私が知事時代の岩手県議会でも、夕方になると傍聴席に誰一人いないときがありました。そうすると、みんなだらけるわけです。

私は東大の公共政策大学院での授業の一環として、必ず学生を連れて文京区議会を見学に行く。私が学生を連れていくと、議場が小さいこともあり、明らかに緊張感が走ります。東大生が見に来ているから、あまりみっともないことはできないぞ、となる。(笑)

有権者が見ていれば議会も変わるのだから、見に行きやすい時間帯に議会を開くような工夫をしなければいけないですね。そうした努力をしている議会もあります。たとえば会津若松《あいづわかまつ》市議会は夜間議会に取り組むなど、議会改革に熱心で注目されています。

冨山　議院内閣制の国政に対して、日本の地方政治は大統領制っぽい仕組みですよね。国政では衆院選で多数をとった政党の党首が総理大臣になります。小選挙区制という仕組みも、総理大臣の選択という観点からすると分かりやすい。

しかし地方議会の場合、首長と議員が別々に選ばれる大統領制の仕組みということもあり、一有権者の感覚としては、議員の選挙では何を選んでいるのかよく分からないところがあります。大選挙区制だし……。

増田　たとえば東京の大田区議会、世田谷区議会、練馬区議会なんて定数が五〇人。

今回の統一地方選での立候補者は六五～八二人にもなりました。

冨山 そんな大勢から一人を選ぶとなると、たまたま中学校の同級生がいたら、そいつに入れちゃうんですよ。彼の生活も大変だろうし、と。（笑）

増田 掲示板でその人のポスターを見つけるのすら大変でしょう。

冨山 首長については、それなりの権限と予算を持っているので、真面目に選ぼうというインセンティブがかろうじて働きますが、地方議員となると私のような感覚で投票している人が少なからずいると思うのですよ。

大統領制をとるのならば、議会はもっと人数を減らして、首長をチェックするオンブズマンに近い役割を担わせたらどうですか。人数が少ないほうが密度の濃い議論ができそうですし、たとえば世田谷区で議員は七人だけとなると、投票する側ももう少し真剣に選ぶかもしれない。五〇人となると……。

増田 地方政治は大統領制なんだけれど、議会が予算の拒否権を持っているので、実は地方のほうが議会が強いという見方もできます。議院内閣制だと、多数党の支持を受けている総理は法案を全部通せるはずですからね。

しかし、ややこしいのは、日本の場合、かつて自民党のなかで派閥抗争があったことや、会期不継続といったルールのため限られた会期日程のなかで法案を成立させなければいけないといった縛りがあり、歴史的に国会の権限が強くなっています。それに対して、地方政治の世界では五期も六期も務める首長が珍しくなく、在任期間が長ければ長くなるほど首長に力が集まる。その結果、国会のほうが歯止めになっていて、地方議会は歯止めになっていない、という不思議なことになっています。

もう一つ、地方議会には予算の提案権がなく、首長に独占されています。予算の否決と減額修正はできるけれど、増額修正はできません。だから、有権者から陳情を受けても、実現するための予算をつけるとなると、議員は首長にお願いしなくてはいけないのです。

冨山　チェック機能を働かせるどころではないですね。地方議員が何をやっているか、ますますよく分からない。

増田　予算の提案権のあり方は国によって異なっています。アメリカは大統領が予算教書を議会に示すけれど、あれはあくまで「参考」にすぎず、実際の予算は議会がつくります。日本の場合は国でも地方でも、予算はとにかく政府がつくることになっていて、そこだけは絶対に崩さない。

知事を務めた立場からすると、これは非常に便利です。ただ、そのことが知事をはじめ首長の権限をやたらに強くし、対する議会は後ろのほうの席で居眠りしている人もいる、なんて状況につながっているわけです。ちなみに地方議会では慣例で当選回数を重ねた議員ほど後ろに座っているケースが多い。そして居眠りしている人も多い。議会にテレビカメラを入れようとすると、「俺のところを映すな」なんて言うベテラン議員がいるのです。

冨山 地方自治は民主主義の学校だと言われますが、最悪の学校ですね（笑）。むしろ反面教師ということか。

首長のリーダーシップ

増田　議会の現実を見るかぎり、首長がしっかりとリーダーシップをとらなければ地方消滅の流れには対抗できないと思います。

それに実は、首長が代わると議会もまたがらっと変わるものなのです。議会にも首長との対抗意識がありますから。私が岩手県知事を務めていたころ（一九九五～二〇〇七年）は、隣の宮城県知事の浅野史郎氏などはしょっちゅう議会とケンカしていました。すると議会も首長にバカにされては困るとがんばる。号泣県議で注目された政務活動費（当時は政務調査費）について、一円以上の領収書をすべて添付するルールを真っ先に決めたのは、宮城、長野、鳥取、そして岩手でした。首長が率先して取り組むと、議会活動の透明化も進みますね。

もう一つ、首長に心掛けてほしいのが二〇代、三〇代の女性の声を掬《すく》い上げることですね。子どもを産む世代の女性の声が地方政治のなかでは一番届きにくいのです。これは国政もそうかもしれない。

地方消滅を避けるためには、若い人たちに魅力ある仕事の場をつくることや、子育て環境の改善を進めることが必要です。そのとき、彼女たちの声は欠かせないはずです。しかし同時に、地方の男性首長や議員にとって、一番苦手なことでもあります。若い女性は、ジィさん政治家なんかが来たって、誰も心を開いてしゃべらないでしょう。

冨山　それはそうでしょうね。（笑）

増田　しゃべり方からして違うし、コミュニケーションがそもそも成り立たない。若い女性たちの本音を聞こうと思ったら、相当工夫しないといけない。

その点で東京の豊島区が「としまF1会議」（F1とは、二〇〜三四歳の女性を指すマーケティング用語）と題して、仕事、出産、育児などについて二〇代、三〇代の女性たちの意見を聞く会議を開催しているのは、私はたいしたものだと思うのですよ。

豊島区は日本創成会議の試算で、東京二三区で唯一、消滅可能性都市とされた（二〇四〇年までの若年女性人口減少率がマイナス五〇・八％）ことを受けて、すぐにF1会議を開いたのです。すでに二〇一五年度予算案で一一事業が採用され、具体的な施策に結びついています。他の自治体もこうした姿勢を見ならってほしいと思います。

日本版CCRC

増田　若い人たちの活躍はもちろん期待したいですが、リタイアした年配の人たちにも地域に貢献してもらいたいですよね。東京で定年を迎えたけれどもまだ元気な世代がふるさとなどへ移住して、大学を中心としたコミュニティでもう一度勉強しながら、地域に貢献していく。

私が有識者会議の座長として検討を進めている「日本版CCRC（Continuing Care Retirement Community：高齢者が健康なうちに移住し、介護・医療が必要となれば継続的なケアを受けつつ、生涯学習や社会活動に参加する共同体）」はそうしたイメージのものです。

冨山　CCRCの拠点として大学は重要ですね。アメリカではカリフォルニア州のサンディエゴが有名です。UCサンディエゴ（カリフォルニア大学サンディエゴ校）

をはじめ、評価の高い大学が多い都市です。そうした大学を中心に、リタイアした人たちのコミュニティがあって、彼らが大学の活動にも貢献しているんですよ。申し訳ないけれど、移住するにしても本当の田舎だとなかなか難しい。

増田 文化など、それなりの集積が必要ということですね。

冨山 もちろんサンディエゴは東京よりはのどかな都市ですが、十分な大都市です。いわば、増田さんがずっと言われている中核都市のイメージですね。そういえば、盛岡はそういう雰囲気のある町ですよ。史跡もあるし、学校もあるし、意外に（笑）都会でもあるし。

増田 盛岡市は宮澤賢治や石川啄木《たくぼく》ゆかりの土地で歴史や文化の蓄積があり、古き良き日本の生活に触れられると同時に、二時間で東京に来ることができる点も、いざというとき安心感があります。なおかつ職住近接で住みやすい。

冨山 盛岡は安くていい食材が手に入るので、美味しいレストランがあったりもするんですよ。

増田 そのあたりは山形も似ていますね。なんでも東京じゃなくて、そうした魅力を味わう文化が根づくと、地方に対する見方も変わってくるんですけどね。

冨山　そう思いますよ。地方都市は東京よりもコンパクトにいろいろなことを愉しめる。ゴルフ場も含めてすべてが生活圏内に収まる。豊かですよ、本当に。

増田　一日のあいだにまとめていろんなことをできる、そんな感じですよね。

アメリカではゴルフ場を中心にしたタイプのCCRCもありますね。ただ、ゴルフもいいのだけれど、閉鎖的なものになる傾向もあるようです。日本の場合、大学を中心としたCCRCが高齢者にとっても、地域にとっても一番良いように思いますね。

地方に活躍の場を見出す

冨山　ベテラン世代と地方の関係だと、完全にリタイアする前に、東京から地方へ移住して経営人材として活躍してもらうモデルも有効だと思っています。みちのりホールディングスでは、そうしたモデルで経営者をやってもらった人が結構いるんですよ。この人たちはまず絶対東京に戻らないですよ。

増田　東北にずっと残るんですね。

冨山　東京の大手商社などで働いていると、社内にしがみつこうとすればしがみつけるんですが、「社内失業者」みたいな感じになりかねない。それよりも地方企業へ行くことで、今まで培った経験が必要とされ、リスペクトされるのです。

そうして実際に仕事が回りはじめると、どんどん居心地が良くなって、みんな全然辞めないんですよ（笑）。本人が東北出身者で地元へのUターンだったら、なおさら。

増田　二地域居住というケースもありますか？

冨山　そうですね。奥さんが東京に残っている場合は、週末は夫が東京に帰ったり、逆に奥さんがときどき東北に来たり。

増田　夫婦それぞれがエンジョイできますね。奥さんも東京で培ったつながりを断ち切る必要もない。

冨山　夫は新しい会社で人間関係ができますし、ときどき地元の大学の講師を引き受けたりして……。

そうした幸せな状態の核にあるのは、その地域に産業があって、仕事があって、活躍できる場があることですね。人間はいくつになっても「人に必要とされている」感と言えばいいでしょうか、それが大事だと思います。

都会の大企業の病理というのは、人員が量的にも質的にも偏在しているので、すごく能力の高い人が「必要とされていない」感にさいなまれることですよ、このあたりの会社でね（笑。注・対談は丸の内の経営共創基盤で行われた）。そうした人は大企業にしがみつくよりも、地元のバス会社なりホテルなり、必要とされている場所に行ったほうが絶対いいですよ。

そもそも地方の高校出身で東京の大学に出てきて、そのまま東京の会社に勤めている人って多いじゃないですか。そうした人は、会社を辞めちゃうと実は人との縁を失うんですよ。一緒にゴルフをする相手もいなくなる。東京は隣に住んでいる人が誰だか分からないようなところですからね。

地縁はやはり地元にあるんですよ。高校の同窓会などもありますし。だから地元に戻ってもともとの地縁社会のなかでまた仕事をしたり、同級生たちとゴルフを愉しんだりして、最後はそこで介護を受けるほうが理に適っていると思いますね。今は空き家もいっぱいあるので、住む場所はいくらでもある。

増田 移住者と空き家とのつなぎ方を考える必要はありそうですね。今は空き家を手放したい人と、住む場所を探している人をつなげる仕組みに乏しい。

ともあれ、今まで日本人はセカンドライフをどうするか、ほとんど考えてきませんでした。好きな趣味をどう愉しむかといったことから、医療・介護まで、もっとしっかり考えたほうがいいんじゃないかと思うんです。

東京でバリバリ仕事をして、ずっと生産性を上げていく。それを決して否定するものではありません。ただ、今は定年後の再雇用が義務づけられて六五歳ぐらいまで働くようになりました。その後で地方に移住するのは、なんとなく体力的にもしんどい感じがしますね。六〇歳手前だと、もっといろんな決断ができるでしょう。ですから、会社に勤めている段階から自らさまざまな選択肢を検討しておくべきだし、あるいは企業がそうした選択を支援することも考えられますね。

退職金の割増し制度なども含めて、五〇代でセカンドライフを考えるよう促す。

冨山　完全にリタイアするのは六五歳だとしても、だいたい五〇代から肩たたきや転籍・出向が始まる。あのへんで片道切符の転籍を受け入れるのか、地元へ戻るのか、考えるタイミングでしょうね。そのとき自分の力が活きる地方の企業があると一番いいですね。やはり仕事がカギを握ると思います。

東京の大企業で働いているような人たちが地元に還流して、地方の企業のマネジメントの改善を進めると、当然、所得水準の高い仕事が生まれていくでしょう。一〇〇〇万円、一五〇〇万円という仕事はなくても、年収約五〇〇万プラスアルファの仕事が生まれてくれれば、若い人が東京に行かず、地元で就職するようになりますよ。

東京圏の高齢化問題

増田　シニア層の移住という点では、二〇一五年六月四日に日本創成会議・首都圏問題検討分科会として「東京圏高齢化危機回避戦略」を発表しました。こちらでの第一の主張は、東京圏が急速に高齢化し、東京圏（東京都、埼玉県、千葉県、神奈川県）で七五歳以上の後期高齢者が一〇年間で一七五万人増加すると言われている。全国で増加するうちの三分の一ですね。この危機に対して、一都三県が連携して対応しなければならない、ということです。

冨山　東京の高齢化は「メガ」高齢化ですよね。

増田　団塊の世代が後期高齢者になることで、一気に増えます。

そもそも介護の分野で必死に高齢化に向き合ってきた人たちは、遠くの施設ではなく住み慣れた地域でみんなで介護していこうという「地域包括ケア」の考えを持っているんです。しかし、激増する後期高齢者の介護を全部東京圏で賄えるかというと……。

冨山　絶対無理ですよね。東京の場合、地域包括ケアモデルだけで全部は支えられないですよ。

増田　東京は土地代を含めて非常にコストがかかりますし、もっと深刻なのは介護人材の問題です。地域包括ケアは人手を必要とするので、このままでは地方の介護人材を東京に吸い寄せる流れが強まり、「地方消滅」が一気に加速することになりかねません。

現在の地方の介護現場はすでに大変な人手不足です。これ以上、東京が介護人材を集めてしまうと、地方の介護も完全に崩壊してしまいます。

それを避けるために、介護が必要になるよりもずっと手前の健康な状態のうちに、先ほどもCCRCの話や、経営人材として活躍する話が出たように、まだ本人がいろいろな可能性を持っているときに地方へ行ったほうがいい。

それでは、五〇代後半くらいで移住を希望する人が何を重視しているかというと、政府が実施した「東京在住者の今後の移住に関する意向調査」によれば、移った先での老後の医療・介護なんです（図6）。そこで、高橋泰《たい》・国際医療福祉大学大学院教授の推計により、二〇四〇年に向けて医療・介護体制に余力があると考えられる圏域を四一、挙げました（図7）。

冨山　介護にかかるコストは地方のほうが絶対安いですよね。

図6　東京在住者の今後の移住に関する意向調査

[移住の希望の有無]

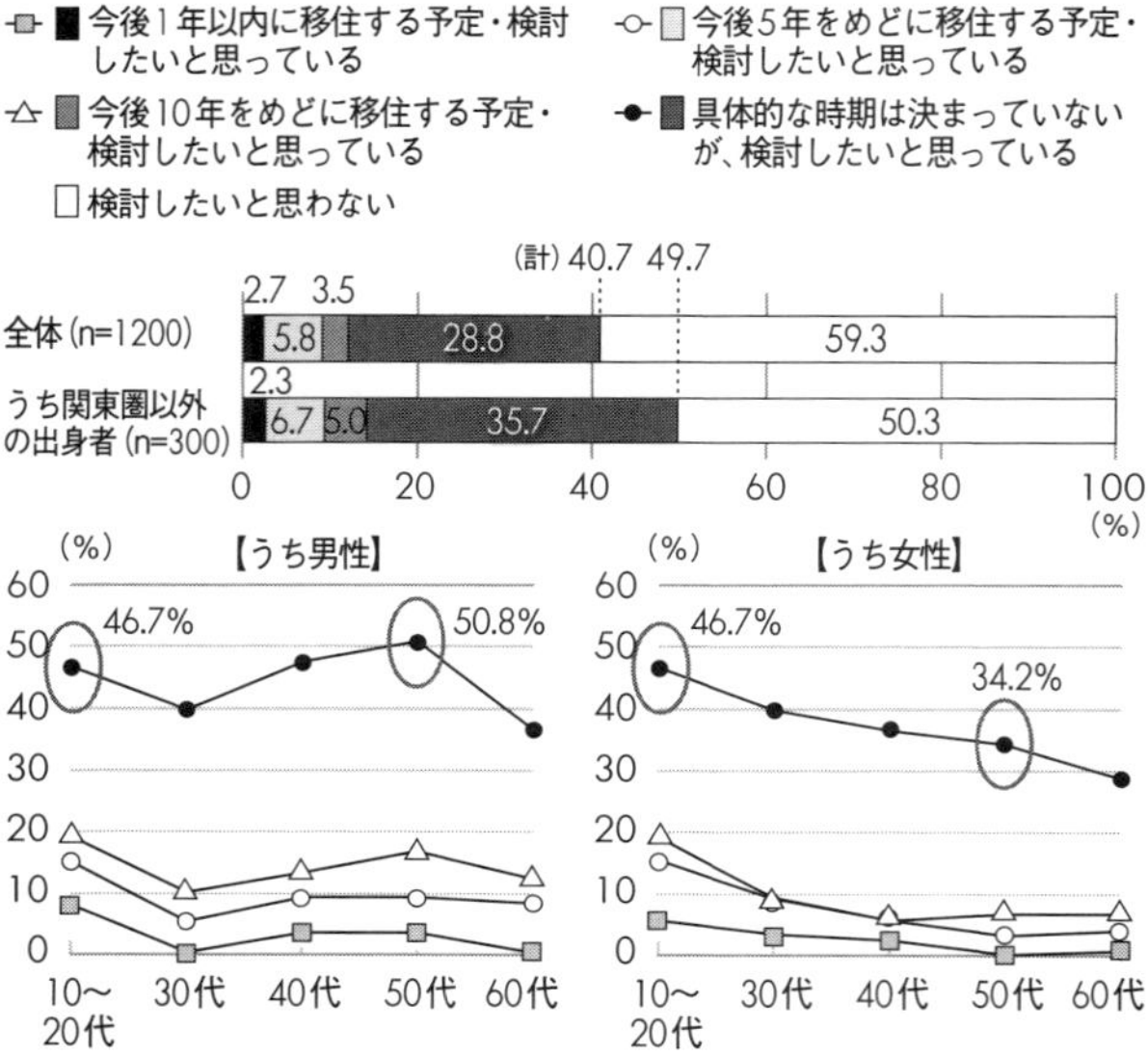

[移住を考える上で重視する点 (複数回答、%)]

	40代	50代	60代
男性	生活コスト (61.4) 買い物の利便性 (56.1)	生活コスト (57.4) **医療・福祉施設の充実 (41.0)**	生活コスト (54.5) **医療・福祉施設の充実 (38.6)**
女性	生活コスト (52.3) 人間関係 (50.0)	生活コスト (56.1) 交通の利便性 (56.1) 買い物の利便性 (56.1) 人間関係 (56.1) **医療・福祉施設の充実 (46.3)**	**医療・福祉施設の充実 (70.6)** 買い物の利便性 (64.7)

(出所) まち・ひと・しごと創生会議 (2014年9月) 配付資料より作成

図7　医療・介護ともに高齢者の受け入れ余力がある41地域(各地域の主たる都市名で表示)

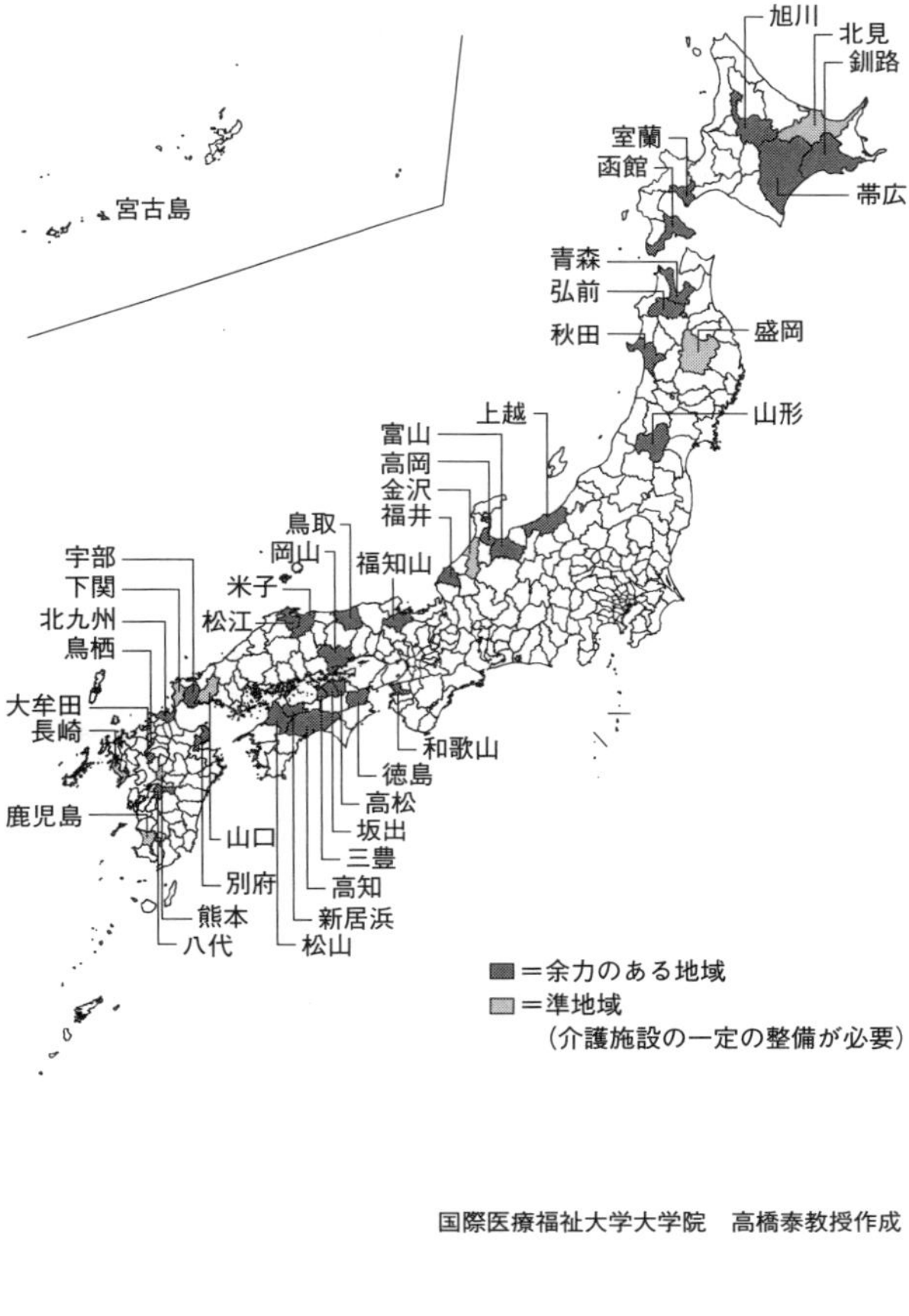

国際医療福祉大学大学院　高橋泰教授作成

増田　圧倒的に安い。いま東京は介護給付費について他地域の二〇%割り増しになっています。東京で介護をすることは東京だけの問題ではなく、国民経済の面からも大変な負担がかかることなのです。

私は決して従来の地域包括ケアを否定するわけではないのです。それはそれで大いにやればいい。ただ、地域包括ケアで東京の介護問題に対応するのならば、外国人の介護人材に対してもっと門戸を開くとか、必要なことがたくさんあります。

その他にも、「姥捨《うば》て山みたいなことをするな」とか、「健康対策が大事だ」とか、いろいろな意見が聞こえてきます。ただ、たとえば健康対策を進めたとしても、それで全部が解決するわけではないですよね。いろいろと手を尽くしたうえで、移住の選択肢もありますよ、ということを示しておく必要があると考えたのです。

冨山　この議論は要するに、東京という立地と地方という立地、それぞれが持っている比較優位の議論なんですよね。

介護の機能においても、年収四〇〇万円くらいの人の生活の面でも、東京という場所のなかに比較優位はありません。介護の生産性を高めようと思ったとき、介護施設をどこにつくるのがいいのか、冷静に議論したほうがいい。議論がそこに収斂《しゅうれん》すると、土地が異常に高い東京のような都市で介護をやるのはあまり得策ではない、という話になると思いますよ。

増田　他に反発を招いているのは、強制的に移されるんじゃないか、ということ。それから、介護の負担ばかりを地方に押しつけるのか、ということですね。しかし、実際に移住を選択できる人は、先ほどのＣＣＲＣや経済人材の例でも分かるように、まだ相当元気な人ですから、地方に負担ばかりもたらすわけではない。それに、介護を受けて大変な状態の人を強制的に移住させるようなことは、コンパクトシティ化の際にお話ししたように、日本ではありえないですよ。

低賃金労働者としての移民を入れるなかれ

増田　先ほどもひと言触れましたが、地方の人手不足、とくに介護のことを考えると、移民受け入れの話が必ず出てきます。

冨山　低賃金労働者を欲しいがために移民を入れることは、絶対にやってはいけません。これをやると、ヨーロッパをはじめ各国が苦しんでいる問題をわざわざ日本に輸入することになります。

わが家は祖父母がカナダへの移民でしたから、移民の問題はそんな簡単なものではないということを、よく分かっているつもりです。ハーバード大学やスタンフォード大学に留学して、要はG（グローバル）の上澄みの世界のみを通して、アメリカを経験してきた人のなかに「移民国家は素晴らしい」と言っている人がよくいますが、現実はそんなに甘い話ではないのです。

増田　移民を受け入れるということと、外国人を積極的に活用するということは、本来違う話ですね。

たとえばインドネシア人やフィリピン人の看護師・介護福祉士の受け入れについては、追い返すようなかたちになってしまった。介護人材はものすごく足りないから、ああいう人たちはどんどんウエルカムで入れるべきです。

一般論として、せっかく来てくれた外国人が「反日」になって帰国するような対応をすべきではない。一部にそういう職場もあるのですよ。これじゃ絶対反日になるよな、と思うようなひどい職場も。受け入れる以上はホスピタリティをもって接する必要がある。

ただ、そうした話と移民とは違う。移民は国籍まで変えて、日本で子どもを産むわけですよね。私はそうした移民の受け入れは、すぐには無理だと思う。ゆくゆくは選択を迫られると思うけれど、それよりもっと手前でやるべきことがいっぱいあるでしょう。

ホワイト化戦略を進めよう

冨山　日本で働きながら技術を学ぶという名目の「外国人技能実習制度」における最大の問題は、外国人を低賃金労働者として扱うことです。今の日本に低賃金労働者は要らないんです。外国人労働者を入れるのであれば、当然、日本人と同等の対応で、同じように最低賃金を厳格に適用し、労働基準監督署が厳格にチェックして、「反日」になって帰らないように、ちゃんと扱うべきです。

増田　そのあたりは、シンガポールとは全然違うわけですね。シンガポールでは道路工事はみんな外国人労働者がやっていますよ。

冨山　逆に言うと、シンガポールは、自国民は高度人材しか認めないという政策ですね。ただ、あれは小国だから成り立つやり方で、日本のように一億人以上の人口がいて、いろいろな能力レベルの人がいる国であの政策をとるのは難しい。

増田　シンガポールは日本でいう民主国家とは、かけ離れた面も併せ持っていますよね。

冨山　外国人技能実習制度は必要です。だけど、絶対に低賃金労働者にしないこと。むしろ日本人よりも待遇を良くするぐらいでちょうどいいと思います。そういう意味では、高度人材の受け入れとほぼ軌を一にします。高い技能が必要な職種に限って、技能職として受け入れるべきだということです。

増田　そうですね。外国人の持っているスキルをきちんと評価して給料を支払い、生活をきちんと支える。それができる企業が雇う。生産性の低い会社が低賃金で使おうなどというのは……。

冨山　絶対にダメです。本章の冒頭でも述べたように、これからの日本において、こと労働力に関してはブラックな戦略をとる選択肢を徹底的に奪ったほうがいいですよ。

ですから私は、実は「ホワイトカラー・エグゼンプション（高度プロフェッショナル制度）」について、適用される最低年収を下げることには反対なのです。現在の約一〇〇〇万円で十分です。経済界の一部には七〇〇万円まで下げるべきという主張があるようですが、その必要はないですよ。若くて優秀な人材の処遇に困るというなら、さっさと昇進させて年収一〇〇〇万超にしてしまえばいい。今どきの若い連中は、同期が抜擢《ばってき》されたくらいで動揺しません。そもそもそういう実力主義人事で意欲を失うような会社は、もはや世界で戦う適性がない。

増田　たしかに時間ではなく成果で評価せざるをえない業種はあるでしょうけど、一方で、企業側の「安く使ってやろう」という考えが少し混じっているような印象がありますね。

冨山　混じっています。日本において低賃金・長時間労働は、何十年にもわたって続いてきた過剰雇用の時代において不景気をしのぐため、ある種の経営ツールになってきました。社会的にも、それで雇用を守れるからと容認されてきた。社会的要請と企業側の事情が折り合っていたんですね。そうしたかつての社会的な意義は、僕も決して否定しません。

しかし今は人手不足の時代になったので、これから先はホワイトな会社を思いっきり応援するのが正しいのです。今やホワイト化を進めることによって生産性が上がっても困る人は誰もいない。前はそれにより仕事を失って困る人がいたので、必ずしもホワイト化を素直に推進できなかったんですよ。しかし人手不足でその心配がなくなったので、ここからは介護、人口減少問題も含めて、全面的にホワイト化戦略を推し進めたい。「白色化戦略」と言ってもいい。（笑）

なお、女性、高齢者もブラック企業が低賃金で使うときの選択肢とされがちなので、ホワイト化によって、適正な労働時間で適切な賃金を払う企業を応援していくべきですね。それが労働参加率を高めることにもつながります。これは本質的に時間で働く仕事が多い、対面型のサービス産業で有効です。

人手不足からのイノベーション

冨山　人手不足にもかかわらず低賃金の外国人労働者を入れない、というのは日本経済にとってプレッシャーになることは事実でしょう。ただ、それにより日本にチャンスが生まれる可能性があると思うんです。それは何か。たとえば人手不足のプレッシャーがあれば、ロボット産業が発達するはずです。

増田　現実に今そういう動きになってきていますね。

冨山　これは一つの成長戦略です。人手が足りないからこそ自動化、ロボット化に真剣に取り組む。人手不足のプレッシャーは、長期的には絶対にこの国のプラスになる。

増田　介護ロボットもそうだし、自動運転もそうでしょうね。

冨山　みちのりホールディングスの経営で身に沁みていますが、先進国でこんなに運転手が足りない国は日本だけですよ。ヨーロッパもアメリカもずっと失業率上昇を恐れながら、金融緩和の出口戦略を探っている状況です。日本だけが先進国で唯一、人手が足りません。この状況は今後も続くわけですから、たとえば自動運転についても日本こそ真剣に取り組むべきなんです。

増田　とくに大型車の自動運転ですね。

冨山　そのためには、規制改革をはじめとする環境整備が必要です。すでに愛知県が「地方創生特区」に指定され、自動運転の公道での実験を進めるようですね。どんどんやっていくべきだと思います。

とにかく「必要は発明の母」です。たとえば、日本でなぜ省エネ技術がこんなに発展したかといったら、それは日本に石油が出ないからですよ。一九七四年にホンダがCVCCエンジンで、非常に厳しいアメリカのマスキー法（排気ガス規制法）をクリアして世界を驚かせました。前年のオイルショックの経験が大きくて、ホンダを含めて全自動車メーカーが生存をかけて省エネ技術に挑んだのです。しかし、アメリカは自国で石油がとれますから、ビッグ3は真剣になれなかった。資源が豊富だとイノベーションがなかなか起こせないんです。

ビッグ3は省エネ技術を磨くかわりに、マスキー法を葬り去ろうとワシントンで莫大なお金を使ってロビイングをかけた。それに対して日本の自動車メーカーは一生懸命エンジンを開発して、マスキー法をクリアしてしまった。石油に恵まれない日本だからこそ起きたイノベーションですね。

長くなりましたが、資源不足と同様、人手不足はイノベーションのチャンスです。人類の歴史をたどっても、機械化、ロボット化の最大の障害は失業問題です。

自動車業界にフォードが登場したときも、ライン生産方式によって労働者が減るのか増えるのかという激しい闘争がありました。結局、自動車産業の生産性が上がることで労働者の賃金水準も上がり、自動車需要も増えるという好循環が実現したのですが、短期的にはラッダイト運動（一九世紀前半のイギリスの繊維産業で発生した機械取り壊し運動）のようなことが起きてしまった。

増田　長期的には収まるとしても、イノベーションの速度を落としますよね。

冨山　人手が足りない今の日本で「ロボット化は失業につながるから、けしからん」という人はいないですよ。これは大きなチャンスです。

その点、欧米のように失業率や潜在的失業圧力が高いと難しいでしょう。それも元をたどれば、低賃金労働者として、アメリカは主に中南米から、ヨーロッパは中東やアフリカから移民をたくさん入れたことに始まります。それは近年頻発しているテロにも関係してくる。日本はそういった心配が少ないわけですから、無邪気なくらい思いきりロボット化やＩｏＴ（Internet of Things：モノのインターネット。さまざまなモノがインターネットと接続することで自動制御などを行う）化に突っ走っていいわけです。そういう意味では、安倍政権は心置きなく成長戦略に専念できる。ツイていますよね。

増田　イノベーションについては、ぜひ次章でも地方からの視点で論じていきたいと思います。

第3章

地方発イノベーションの時代

福島は人口流出している？

増田　みちのりホールディングスで岩手、福島のバスや鉄道の経営にかかわっている冨山さんと、一九九五年から二〇〇七年まで岩手県知事を務めた私と、ともに縁がある東北について語っていきたいと思います。

まず私が言いたいのは、東日本大震災では岩手県、宮城県や福島県を中心に、たしかに大変な被害が生じました。けれども三陸地方は、明治二九（一八九六）年の明治三陸津波、そして昭和八（一九三三）年の昭和三陸津波と過去にも大きな津波被害を受けてきました。みんなそれを苦しみながらも乗り越えて今に至っているわけです。今回も全国から支援をもらっているし、必ず乗り越えられる。

さらに今回に関しては、ただ単に乗り越えるだけではなく、人口縮小時代に合った復興を行って、次の世代につなげねばならないと考えています。しかし、それができているか、以前と同じような成長モデルを前提にした復興になっていな

図8　東北地方の人口増減率

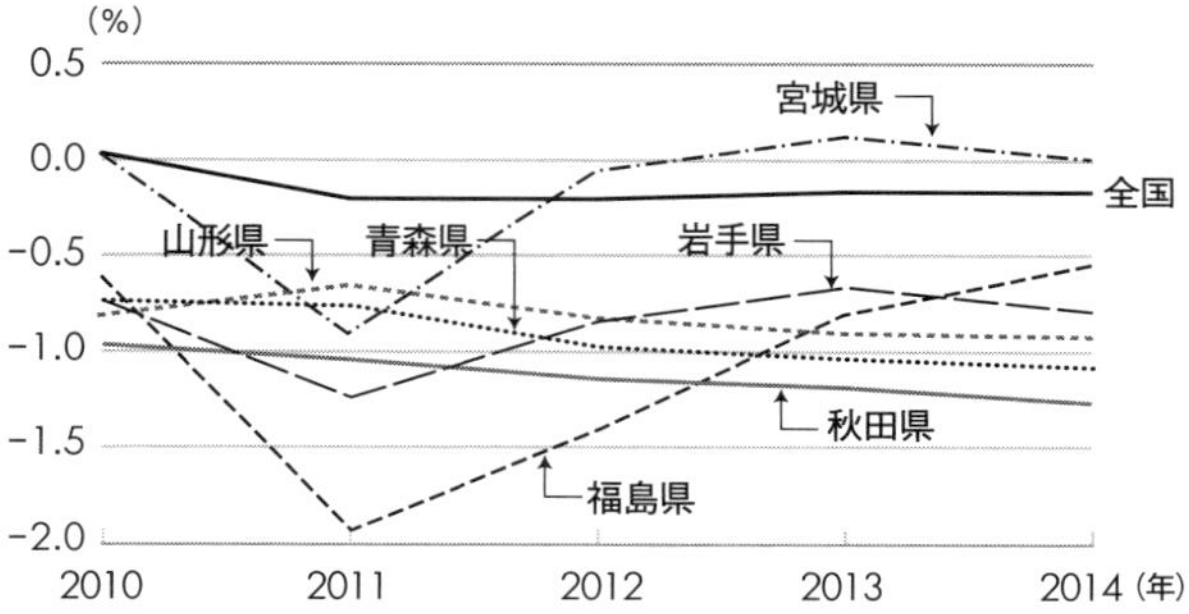

(出所) 総務省統計局「人口推計」より作成。期間は前年10月から当年9月

いか、そこが気になっています。それでも、私は将来必ずふさわしいかたちに落ち着くと思っていますが。

とくに原発事故の被害があった福島県について、私は最近こう考えています。福島県は岩手県や宮城県に比べても大変な状況で、いまだに人口が流出しているなどと思われがちですが、データを見るかぎり、もう落ち着いてきているようです（図8、図9、図10）。

原発事故の影響で、二〇一〇年一〇月から一一年九月にかけて福島県は総人口増減率が一・九三%、社会増減率で一・四三%の減少となりました。翌年もそれぞれ一・四一%、〇・九四%と高い減少率です。しかし、最新

図9　東北地方の社会増減率

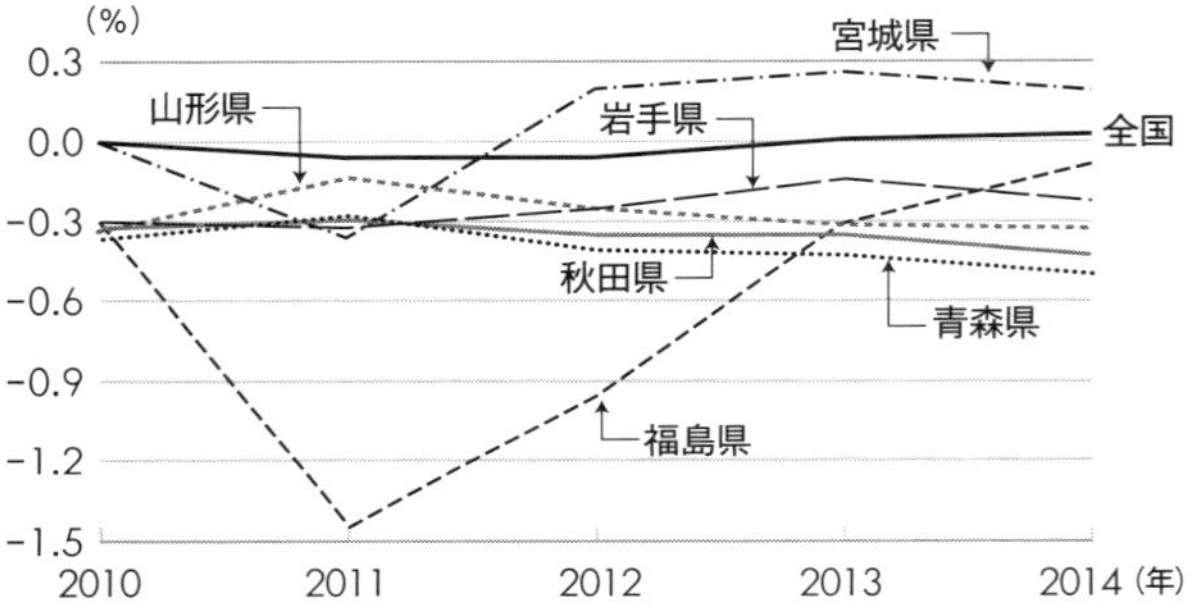

(出所) 総務省統計局「人口推計」より作成。期間は前年10月から当年9月

図10　東北地方の合計特殊出生率

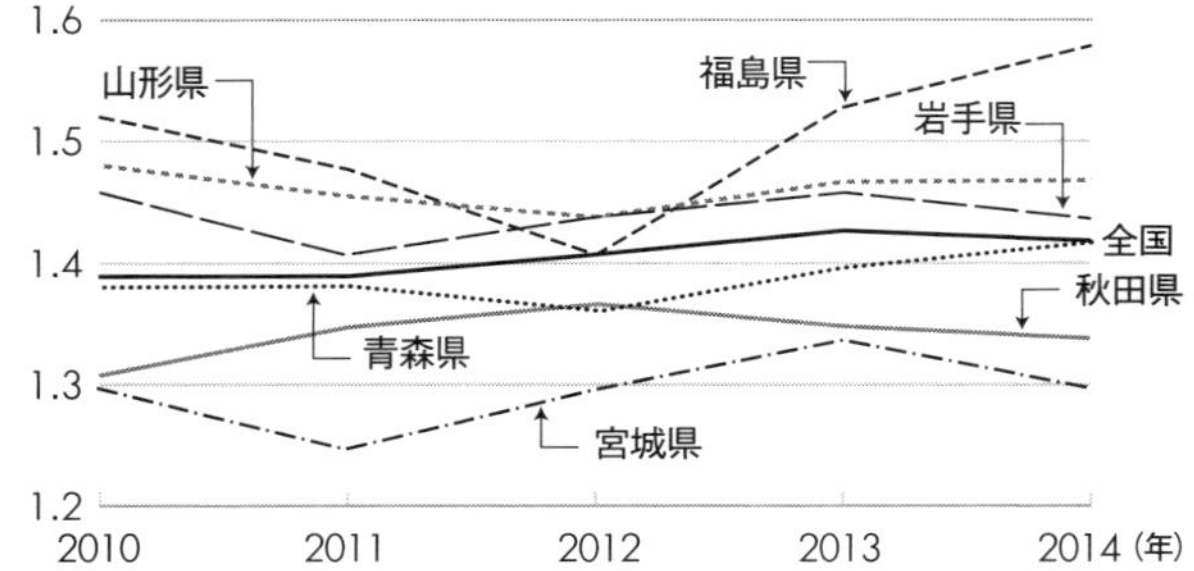

(出所) 厚生労働省「人口動態統計」より作成

の二〇一三年一〇月から一四年九月にかけての総人口増減率は〇・五五％の減少で、四七都道府県のうち二五番目。改善傾向は明らかだと思います。ちなみに同じ東北地方だと、秋田県、青森県、山形県は二年連続で福島県を下回り、一％前後の人口減少が続いています。社会増減率でも、福島県は〇・〇九％の減少にまで改善しています。

さらに、福島県の合計特殊出生率は原発事故の影響があったと思われる二〇一二年には一・四一となり、山形県、岩手県を下回りましたが、二〇一四年には一・五八と原発事故前の数字を上回っています。

だからもう福島は問題ないんだ、と受け取られると困るのですが、要するに福島がいまだに人口流出していて、このままだと人口が半減する、などといった、データに基づかない誤ったイメージを広げることが、たとえば農産物の買い叩きなど風評被害にもつながり、福島の復興を妨げていると言いたいのです。

冨山　福島については、私もまったく同感ですね。

増田　こうした話は、開沼博《かいぬまひろし》さんという一九八四年生まれ、福島県いわき市出身の若い社会学者が『はじめての福島学』という本で丁寧に論じています。さまざまな指標をもとに、福島の放射能汚染はほぼ収まってきており、むしろ汚染されているというイメージを広げることが、より福島の復興を妨げると。

前著『地方消滅』における人口減少問題へのわれわれのアプローチもまさにそうですが、データに基づいて論じながら解決策に近づくことが大事なんです。たしかに原発事故は大変な惨状をもたらしたし、解決に向けては、まだものすごくハードルが高いのも事実です。しかし一方で、いろいろといい指標が出てきていることは前向きに受け止めるべきだと思います。

データに基づくということ

冨山　あえて言いますが、反原発的な議論は「いかに福島が悲惨か」ということを強調したがるんですよ。なぜなら、福島が悲惨でないと反原発を主張できなくなってしまうから。福島の人がかわいそうだと言いながら、除染が確実に進んでいるといったデータを無視して風評を増幅し、福島の人間の足を引っ張っているのではないですか。

福島のほとんどのエリアは、子どもも含めて問題なく生活できる状態になっています。しかし、そういう事実が「不都合な真実」になっている人たちがいる。こうしたことはメディアももっと報道すべきだと思いますね。

増田　メディアといえば、これからも三月一一日になると福島の悲惨さを伝える番組が放映されると思います。それも大事なことですが、同時にきちんとデータで見た、福島の現状も伝えてほしいですね。

たとえば農産物の生産量も回復してきているんですよ。コメの全袋検査をやっていますが、検査ではじかれるものは今はなくなりました。二〇一〇年の収穫量四四万五七〇〇トン（全国四位）から、一一年には原発事故の影響で三五万三六〇〇トン（全国七位）まで減少しましたが、一四年には三八万一九〇〇トン（全国七位）まで回復しています。しかし風評が買い叩く材料になっているから、値段はなかなか戻っていないんですよ。

繰り返しますが、福島はもう大丈夫だから勝手に自立しろ、と言いたいわけではないんです。正確な事実をふまえて、福島を買い支えていく。それが、いま福島に対してわれわれが一番貢献できることだと思います。

風評の問題で分かりやすいのは、まったく原発事故の影響のない会津に、修学旅行生が戻ってきていないこと。「福島県だから」というだけで、みんな敬遠している。

冨山　福島第一原発から会津若松市までの距離って、仙台市と同じぐらいなんですよ。しかも事故のときの風向きの関係で、会津は放射能汚染の影響を受けていない。それを言うなら、むしろ仙台のほうがあるくらいです。

ですから風評というか、ほとんど「デマ」に近い声に引っ張られている。日本が本当に「絆」を大切にする協調型の社会なのであれば、その点は正確かつフェアに伝えるべきですし、くどいようですが、自分たちの主義主張に都合が悪いからとそのことを伝えないメディアの責任は重いと思いますよ。復興を一番妨害しているのはマスメディアですよ。

増田　そうしたなか、きちんとデータに基づいて論じている開沼さんの『はじめての福島学』のような本が注目されて、新聞の書評欄でずいぶんとりあげられたりして話題になっているのは心強いと思います。

福島発のイノベーション

冨山　経済同友会で今年（二〇一五年）開催した「東日本大震災追悼シンポジウム」でご一緒した東大の児玉龍彦さん（医学者、東京大学アイソトープ総合センター長）も除染が進んでいる現状を報告されていました。今は魚も技術的には全品検査ができるそうです。二〇一四年は相馬市の松川浦《まつかわうら》漁港で行われました。

増田　以前はサンプリング検査でしたが、今は試験的に全品検査を行っているようですね。

冨山　そうした技術開発がかなり進んでいます。コメの全品検査も当初はできないと言われていましたが、島津製作所をはじめ日本の技術を結集した結果、検査装置ができた。「技術立国日本」ですから、必要があれば克服できる。

増田　これは福島にとどまる話ではないですよね。食の安全に関心が高まるなか、他の地域の食も含めて、科学的データを瞬時に出すことができるということです。こうしたデータを活かせば、日本全体の食の安全性につながる。

また福島には原発廃炉のためのロボットをはじめ、これから必要になる技術がわんさかありますから、福島県に世界最先端のロボット研究拠点をつくろうという「イノベーション・コースト構想」があります。具体的には、福島第一原子力発電所に廃炉研究の拠点を設置するとか、楢葉町《ならはまち》に廃炉作業用のモックアップ（原寸模型）を建設してロボットの試験をしたり、という計画が進んでいます。

つまり、福島県を最先端技術の拠点としていく方向ですね。こうした取り組みを着実に進めていくしかない。

冨山　繰り返し指摘してきたように、東北地方はもともと人手不足という問題を抱えていました。そこに大震災による津波と原発事故という災害が重なって、大変なストレスがかかったわけです。それはとても不幸なことですが、同時にイノベーションの呼び水となるストレスが、いま東北地方にもっともかかっているとも言えるのです。
福島を舞台に、日本が今まで培ってきた科学的な知見であるとか、要素技術であるとか、基礎研究の成果が、イノベーションにつながることは十分期待できると思います。

増田　そうですね。正確なデータをふまえながら原発事故による放射能汚染という危機を乗り越えて、震災前から抱えていた人口減少、産業の衰退、労働力不足といった課題を一つ一つきちんと解決することが福島の復興につながると思います。正確な情報に基づかずに、福島はもうダメだと危機を煽っても復興には至らない。
東北の被災地も他の地方も、抱えている問題は基本的に同じだと思うんですよ。東北から遠く離れた九州でも人口が減っているし、産業も衰退している。同じ課題をきちんと乗り越えれば、大消費地の東京圏に近く、人口減も止まってきている福島のほうによりチャンスがあるかもしれません。

東北が持つ「伸びしろ」

冨山　東北は大震災の前から先行的に過疎が進んでいた地域です。つまり、少子高齢化問題について、日本の一番先頭を走っているんですね。裏を返せば、東北から新しいモデルが生まれる可能性を秘めているということ。そこに東日本大震災が来てしまったから、新しいモデルをつくるためのストレスが余計に強くなっています。

人口が減少すると、経済が縮小するのは自明だと主張する人がよくいるので、ちょっと調べてみたんですよ。二〇世紀初頭、つまり日露戦争のころと現在とで世界の経済規模――GDPならぬGGP（GROSS "GLOBAL" PRODUCT）――がどれくらい成長しているかというと、約四〇倍です。この間、人口は約四倍になっている。ということは、つまり約一〇倍分は生産性の向上がもたらした成長なのです。要するに、生産性を高めることによって、一割、二割の人口減少は補えるということですよ。
少し話のスケールを小さくして、日本とアメリカの例を考えてみましょう。戦後、両国のGDPの差は一貫して縮まっていき、「ジャパン・アズ・ナンバーワン」と言われたバブルが崩壊してまた差が開いてきました。この差が開いた期間、たしかにアメリカの人口は増え続け、日本の人口は二〇〇八年にピークを迎えて減少に転じましたが、アメリカだって急激に人口が増えているわけではありません。圧倒的に大きいのは、この「失われた二〇年」のあいだに、日本とアメリカの生産性の伸び率に差が生まれたことですよね。
東北の未来も、どこまで生産性を高められるかということにまず依拠している。そう考えると、東北はいい条件がそろっていると思っています。何よりまず現状の生産性が低い。

増田　伸びしろを見るわけですね。

冨山　そうです。単純に聞こえるかもしれませんが、これはすごく大事なことです。たとえば、トヨタやオムロンの最先端の工場が「もっと生産性を上げろ」と言われたら大変ですよ。いま国内に残っている製造業の生産現場の生産性は、すでに世界でもトップですから。一〇〇メートルを一〇秒で走っている人に、九秒九、九秒八を目指せというようなものです。もちろん競争ですから、トヨタやオムロンも取り組むわけですが、タイムを飛躍的に縮める余地があるのは、地方のサービス産業といった、現状で非常に生産性が低いところです。そうした産業のほうが生産性の改善余地がある。

もう一点、イノベーションとは「創造的破壊」です。東北では、大震災という他律的要因で、すでに破壊のプロセスが起きてしまっている。もちろんこれは非常に不幸なことです。ただ、イノベーションを起こすための創造プロセスに進みやすい状況にあることは事実です。

最後に、繰り返し指摘しているように、少子高齢化が先行的に進んでいる東北は、人手不足が東京よりも深刻です。しかし、このことはイノベーションを促すプレッシャーになると同時に、前の章の終わりでラッダイト運動について述べたように、イノベーションにより生産性を高めても失業問題が生じにくいという利点があります。

人手不足の東北発イノベーション

増田　おさらいになりますが、かつては生産性向上のために企業が努力すると、その分、人手が不要になり、雇用が縮んで失業が生まれてしまった。それならば、生産性を下げてしまって、安い賃金だけれど雇用を維持したほうがいいという流れがあった。しかし今は人手不足だからそういった心配もなく、心置きなく生産性を向上させればいいということですね。

これは東北を中心に経営している、みちのりホールディングスでも同様ですか。

冨山　そうですね。「人口減少で経済も縮小している東北地方でバス会社の再建なんて大変だよね」とよく言われるんですが、まさに逆で、東北のほうが生産性向上はやりやすいんです。実際に業績は順調で、昨年比でも良くなっています。ただ、別に何か特別な経営をやっているわけではなくて、非常にオーソドックスかつ精緻に、生産性が向上するような経営をしているだけのことです。

路線バスのお客さんというのは高齢者と年少者、要するに通学する学生さんと、免許を返上した高齢者なんですよ。東北地方では、生産年齢にあたる人たちはみんな車で移動しますから。

それはつまり、高齢化が進むと人口のなかに占めるお客さんの比率が高くなるということです。一方で、運転手や整備士やバスガイドのなり手はどんどん減っていく。それこそリストラどころではなく、こちらは退職希望者を引きとめるので必死です。高齢の方には健康であるかぎり一年でも長く働いてもらえるようにお願いする。今、最高齢の運転手は七三歳の方です。女性の運転手もどんどん増やしています。こうした方々でも運転しやすいよう、運転がより楽な新型車の投入も進めています。こう考えると、東北地方が日本でもっとも労働需給がタイトだ、という事実が理解してもらえるかと思います。医療・介護分野でも同じことが起きている。

増田　介護現場はとくにそうでしょうね。日本経済を考えるうえで、人手余りから人手不足へという変化が、この二〇年間で最大の変化かもしれないですね。私が知事になった二〇年前ぐらいだと、雇用を維持することがものすごく重要視されたんですよ。失業率が上昇することに対する大変な恐怖心があった。

冨山　パラダイムが完全に変わりました。国民皆保険・皆年金が実現した昭和三六（一九六一）年、私が生まれた翌年ですが、そのころは定年が五五歳、男性の平均寿命は六六・〇三歳といった状況です。つまり年金がカバーしなければならない年数もあまり長くなかった。

ところが二〇一三年になると男性の平均寿命は八〇・二一歳。六五歳を定年と考えても長い時間が残されています。その期間はもっぱら消費と需要側に回るので、労働需給が逼迫《ひっぱく》することになります。この変化がもっとも激しく起きたのが東北ですよね。

だからこそ東北は先端地域としてチャンスを迎えているのです。問題は、政策の仕組みも経営のありようも、人手が余っているという前提でできあがってしまっていること。この二十数年間ずっと続いてきたこのあり方を一八〇度変えられるかどうか。簡単ではないでしょうが、余計な思い込みや先入観を捨てて目の前の問題に対峙すれば、自然に変わらざるをえないはずです。先導するのは経営者かもしれないし、技術者かもしれません。そういった人たちが解決策を探る過程で、自然にイノベーションが起きる可能性は高いと思う。

増田　政府の役割としては、そうした変化が自然に生まれてきたときに、従来の政策に引きずられて民間の足を引っ張らないようにすることが大事でしょうね。

特区でもなんでもいいけれど、東北のなかは自由設計にして、いろんなアイデアが出るようにしたほうがいいですね。政府があれこれ手を出さず、イノベーションが起こりやすい状況にね。震災後すぐにそうした方向をとれれば良かったのかもしれませんが、まだチャンスはあるはずです。

Uberは地方でこそ活きる

冨山　最近考えているのですが、過疎化がさらに進むと地方の公共交通機能を維持するのがいっそう大変になります。ＢＲＴ（Bus Rapid Transit：バス高速輸送システム。専用道の整備や本数の増便などにより、速くかつ正確な時間に大量の人を運ぶことができる。東日本大震災の被災地である気仙沼《けせんぬま》、大船渡《おおふなと》でも導入されている）、ＬＲＴ（Light Rail Transit：次世代型路面電車システム）、それからオンデマンド交通（利用者が予約し、乗り合いを活用して効率的に運行する）、そしてタクシー。こうした多様な交通システムを組み合わせないと、中山間部などは大変なことになるでしょう。

たとえば、Ｕｂｅｒ（ウーバー）って面白いと思いますよ。スマートフォンなどを使い、ネットを通してタクシーを呼び出すサービスですね。こうした最新技術というと、つい大都市のものと思いがちですが、東京はいくらでも「流し」のタクシーが走っていますから、Ｕｂｅｒでタクシーを呼んでいるあいだに目の前を空車のタクシーが走っていく。

増田　東京ではＵｂｅｒを使う必要性がないですね。Ｕｂｅｒによる配車の効率性が活きるのはむしろ過疎地域のほう。

冨山　おっしゃるとおりで、いちいち個別のタクシー会社に電話して、自分のいる場所を説明するかわりに、スマートフォンでＵｂｅｒのアプリを使えば、自分のいるところがＧＰＳを通して自動的に伝わる。広いエリアを少ない台数で効率的にカバーするのに、地方でこそ役立つテクノロジーですよ。
そもそもなぜアメリカでＵｂｅｒが生まれ、流行《はや》ったかといったら、アメリカには流しのタクシーがほとんどいないからですね。ニューヨークだって、マンハッタン島のなかくらいですよ。だだっ広いアメリカの街を自分の車なしで過ごすとき、Ｕｂｅｒはぴったりの技術です。

増田　日本の中規模都市に行くと毎回不安になるのは、駅前にタクシーがいるかどうかです。駅前にはタクシーが列をつくっているはず、という東京の感覚で行くとだいたい失敗するんです。それでも電車の到着時間に合わせて何台か待っていることが多いですが。

冨山　先客に二、三台乗られちゃうと当分来なかったりして。

増田　焦っているときほどいなかったりする。

冨山　そこをUberのようなシステムで呼び出せれば便利ですね。

ただUberには「Uber＝白タク」といった誤解もあるんですね。たしかにアメリカなどで展開されている低価格の「UberX」というサービスは、一般のドライバーが自分の車に客を乗せるものです。実は最近アメリカでもUberXは規制しようという動きが出てきています。UberXでは乗ったお客さんがドライバーの評価情報を入力することでドライバーの質を保とうとしているんですが、面倒で入れないことも多い。そうすると、だんだん「悪貨」が入ってくるんですよね。結果、ドライバーの「当たり外れ」がだんだん大きくなって、サービスの信頼性が低下します。

増田　だんだん規制がかけられるでしょうね。

冨山　そうですね。ただ、日本で展開されているUberのサービスは、免許を持ったタクシー業者がUberを利用しているものです。中山間部では、従来の厳格なタクシー免許よりは緩めの免許を認めて、地域の高齢者や障碍者《しょうがいしゃ》に限定して地元の方が病院などの送り迎えをUber的なシステムを通じて担える仕組みを考える手もあります。

また、日本を訪れた外国人観光客にも便利なサービスです。外国人観光客からすると日本で流しのタクシーを拾っても、運転手が英語を理解できるかどうか分からないから不安でタクシーが拾えず、電車など巡行しているものしか使えない。そうなると訪れる場所も限られてしまう。けれども、Ｕｂｅｒ型サービスだったらイングリッシュ・オーケーなどと登録している運転手を探して呼べばいい。

自動運転とドローンも地方向け技術

増田　最近注目されている自動運転も、過疎地域のほうがむしろ有効でしょうね。東京で自動運転の実験なんて危なくて仕方がない。最初は人ではなく荷物の運搬から徐々に実用化すればいい。

冨山　先ほど述べたＬＲＴやＢＲＴと自動運転の技術を組み合わせたら、運転手が必要なくなるわけですよ。運転手不足の現状だからこそ、失業問題を気にせずこうしたイノベーションを追求しやすい。

そもそも山道を走るときには自動運転のほうが安全です。コマツ（小松製作所）はチリやオーストラリアの鉱山にダンプカーの無人運行システムを導入していますが、それにより路肩から落ちるなどの事故が激減したと言っていましたよ。人間って決して運転がうまくないんですよ。居眠りだってしますし。

増田　東北など雪国の走行も、自動運転のほうが適しているかもしれないですね。雪が降った峠道は状況判断が難しいので、今は安全のためにすぐ閉鎖します。その結果、集落によっては数日孤立してしまい、コンビニの棚から商品が消えてしまう。自動運転で物資を運べるとそういう事態もなくなるでしょうね。万が一、事故があったとしても人命が失われることはないですし。

冨山　あるいはドローンでもいいですね。ドローンの規制緩和をして、もっとドローンでモノを運べると過疎地域で役立つと思うんですよね。

増田　岩手は雪は降るけれど、離島はないんです。なので知事時代も離島ゆえの苦労には直面しなかったんですが、離島の場合、豪雪地帯よりも深刻な面があるでしょう。海が荒れれば一週間にわたり外と行き来できないようなこともあるし、道がないから自動運転というわけにもいかない。そこでドローンが使えると便利でしょうね。よほど風がひどくて落下したとしても人が乗っているわけではないし、市街地でもないから落下先での被害も考えにくい。

冨山 そうそう。だからドローンも地方向けの技術なんですよね。むしろ東京で飛ばしたりするから、誰かの家に落下して迷惑をかけたり、プライバシーの問題が出たりする。落ちたら、けが人が出るかもしれない。

増田 先日、スペイン人歌手のエンリケ・イグレシアスがドローンをつかんで大けがしていましたね。それはともかく、ここまで話してきても分かるように、過疎地域こそ先駆的な実験ができる場所ですから、ぜひ東北を特区など自由設計にして、いろいろやってみてほしい。そして東北発のモデルを日本全国に提供していく。

路線バスで宅急便を運ぶ

冨山　交通関連で、みちのりホールディングスの取り組みをお話しすると、ヤマト運輸と岩手《いわて》県北《けんぽく》バスが組んで、路線バスでヤマトの宅急便を運ぶことになりました。

今ヤマトが大変なのは、アマゾンなどのインターネット通販を全国的に引き受けていて、その量が激増していることです。昔のようにクリーム・スキミング（収益性の高い地域のみ「いいとこどり」すること）はできず、過疎地域にもユニバーサル・サービスで一律に届けないといけない。しかし自前で物流網を持つには、三陸地方は配送密度が薄いんですよ。そこで「貨客混載」を行うわけです。

増田　どんなふうに荷物をバスに載せるんですか？

冨山　バスの後部を荷台スペースにした車両を開発しました。そこにヤマトの宅急便を入れて運ぶわけです（写真）。

まず盛岡市から宮古市までの都市間路線バスで運び、宮古市から重茂《おもえ》半島へは一般路線バスで輸送して、現地で待っているヤマトのドライバーに渡すという流れです。これもドライバーが人手不足だからこそ生まれてくる、マネジメントのイノベーションなんですよ。

貨客混載の「ヒトものバス」

増田　盛岡市と宮古市を結ぶ国道一〇六号を利用する「１０６急行バス」で運ぶわけですね。ＪＲ山田線より本数が多くて便利だから、盛岡と宮古を行き来する人はみんな利用する路線です。

冨山　岩手県北バスにとっても、北三陸地域にとっても重要な基幹路線ですね。観光客中心でなく、生活路線になっているので、スーツケースを入れるのに使うバスの「腹」も空いているんですよ。それなら宅急便を載せるように活用しようと。やはり、必要は発明の母なんですよ。

増田　ところで日本では貨客の分離が原則ですが、認可上の問題や業界内の軋轢《あつれき》はなかったんですか。

冨山　昔ならあったでしょうね。今は、むしろ「誰かかわりに運んでよ」という状態ですからね。かつてのように供給過剰だったら文句が出たと思いますが、国土交通省も理解があり、文句を言う人も出なかった。

増田　過疎地域で、簡単にはペイしないですしね。行政としても、地域でのニーズが強いということに押される部分もあったでしょう。それならばニーズに応えたほうがいいよね。

しかし宅配業界も大変ですね。佐川急便がアマゾンの取引から撤退して、今はヤマトと日本郵便でやっているわけでしょう。

冨山　大変ですけれど、取扱量はどんどん増える一方ですね。イノベーションの力はすごいですよね。ロードサイドの電器店に行ったからといって、探しているものがあるとは限らないけれど、ネット通販ならなんでもある。アマゾンで買えるから、ロードサイドの店舗まで行く必要がなくなった。だからヤマダ電機も不採算店舗を大規模に閉鎖せざるをえないんです。

増田　しかもアマゾンで注文すると、地方でも早ければ翌日届くんですから、とんでもない世の中ですよ。たとえば岩手県の少し奥のほうの地域だと、地元の『岩手日報』はなんとか午前中に朝刊を配っていますけど、全国紙だと午後が多いですよ。第三種郵便を使うわけですが、郵便も午後届きますから。昔は販売店が自前で配っていましたが、今は人口減少で部数も減っているので郵便を利用するしかない。

冨山　ネット通販のことを考えても、くどいようだけど、イノベーションの最先端は地方です。ＩｏＴとかロボット研究の話も、地方に当てはめて考えたほうが面白い。これらについても東京は人がそこらじゅうにいるので、必要性を感じにくいところがある。

増田　私は人工知能（ＡＩ）にも関心があります。人口減少をそういったテクノロジーでどう補えるのか。人工知能の活用についても、欧米では失業問題に直結しかねない。その点、日本は優位な状況にあるわけですから、積極的に取り組んでほしいですね。

日本はいま生産年齢人口が増えていく「人口ボーナス」期を経て、少子高齢化の「人口オーナス」期に入っていろんな問題が出ています。ただ、日本は高度成長期に公害をまき散らし、いわば「環境オーナス」に苦しんだ。それを今は環境制御技術を全世界に売れるぐらいの「ボーナス」に切り替えることに成功したわけですよ。

だから、人口面でもオーナスをボーナスに切り替えられると期待したい。環境問題もそうだったように、単に昔に戻すのではなく、人工知能をはじめいろいろなイノベーションを起こすことで対応してほしい。そのためには規制を取っ払って、東北などの地方で何ができるのか徹底的に試して、全国へと広げてほしいですね。

東大発一兆三〇〇〇億円の衝撃とベンチャーの生態系

冨山　地方にイノベーションのチャンスがあるのは間違いないので、あとはそこにアントレプレナー（起業家）が来たらいいんですよ。

増田　起業家に投資するためのお金はありますよね。

いま必要なのはイノベーションを起こすかもしれない起業家の人たちに、どうやって継続して資金を供給していくか。お金はあるわけだから、あとはどこがその可能性を評価して、リスクをとるのか。たとえば地銀がリスクをとることに対して、金融庁があまり厳しく縛りすぎない仕組みが大事ではないでしょうか。

冨山　起業を増やすには、インフラの問題が一番大きいと考えています。エコシステム（生態系）が大事。アメリカのシリコンバレーから、なぜ次々とベンチャー企業が生まれるかというと、シリコンバレーには人とお金、そしてネットワーク、起業に必要なものがすべて集まっているわけですよ。

日本には、そうした場所がまだないのが問題です。それでも日本で一番ベンチャー企業を生んできたのは、東京大学の周りです。

私自身、東大の産学連携ベンチャーの黎明期からかかわってきました。日本で最初のＴＬＯ（Technology Licensing Organization：技術移転機関）は、株式会社先端科学技術インキュベーションセンター（ＣＡＳＴＩ、現・株式会社東京大学ＴＬＯ）です。一九九〇年代後半に、欧米では当たり前になっているＴＬＯ、つまり大学の研究成果を特許にして企業へ移転するための会社をつくろうという話が持ち上がり、玉井克哉氏（法学者、東京大学先端科学技術研究センター教授）、安念《あんねん》潤司氏（弁護士、中央大学大学院法務研究科教授）といった人たちが中心メンバーとなって一九九八年にCASTIができたんですよ。私も彼らと親しかったのでいろいろと相談に乗っていました。

二〇〇一年、経済産業省が大学発ベンチャー一〇〇〇社計画をぶち上げたりもするのですが、東京大学はそういう一過性のブームを横目に営々と努力をしてきました。二〇〇四年には、東京大学エッジキャピタル（UTEC）という、大学発ベンチャーに特化したベンチャーキャピタルもつくりました。社長の郷治《ごうじ》友孝氏が大学（東大法学部）、大学院（スタンフォード大ビジネススクール）の後輩であることもあって、ここでも私は一〇年近くアドバイザーをやってきました。

東大の五神真《ごのかみまこと》総長に聞いたのですが、東大の産学連携本部調べによると、二〇一五年四月時点で東大関連のベンチャー企業が二二四社、企業価値は約一兆三〇〇〇億円に達しているといいます。上場企業だと、ミドリムシで知られるユーグレナ、SNSやネットゲームのミクシィ、ニュースサービスのグノシーもそうです。時価総額が一番大きいのはバイオ企業のペプチドリーム。これは時価総額が二〇〇〇億円近くにまで成長しています。

日本国内だと東大が圧倒的なのです。もともと人材が潤沢なところ、いち早く手がけて、なおかつしぶとく一〇年以上にわたり努力を続けてきたからこそですね。現在の五神総長も積極的なので、産学連携がますます進むと思います。ですから、日本のシリコンバレーはまずは東京ですね。

増田 東大関連のベンチャー企業が多いといっても、数百億円単位、せいぜい一〇〇億円といったところだと思っていたので、一兆円を超えているのは驚きですね。

冨山 国立大学法人評価委員会の官民イノベーションプログラム部会で東大、京都大学、大阪大学、東北大学の状況を比較したのですが、東大とその他で大変な差がついています。

増田 東大の強みはやはり人的ネットワークが大きいんでしょうか。

冨山 そうですね。東大の産学連携本部は起業支援の「インキュベーション施設」というものを運営していて、何十社と起業支援をやった専門家たちを紹介してもらえます。また、ベンチャーキャピタルのUTECにもノウハウが蓄積されている。なので、会社をつくる段階でこれまでの成功例、失敗例をもとに具体的なアドバイスを受けることができるわけです。特許についても東京大学TLOの歴史が長いですから心強い。

増田　後の人ほど楽になっていくわけですね。

冨山　そうです。だから東大TLO自身も、クオリティーが上がってくる。東大の先生は何か特許になるような発見があると、そもそも特許にして公開すべきか、ブラックボックスにするのか、特許にすることと学会発表して学問業績にすることとをどう両立させるか、特許を企業に流したほうがいいのか、それとも自ら起業したほうがいいのか、TLOに相談します。いざ起業となると、TLOとベンチャーキャピタルであるUTECの関係がうまくいっているので、スムーズに進んでいく。こういう仕組みが「生態系」なんですね。

生態系のなかで地方大学にできること

増田　東大の状況は目からウロコでした。ただ、それはいいことなんだけれど、地方大学発のベンチャーやイノベーション、そして産学連携は地方創生に欠かせないと思っているので、東京ばかりというのも困るんですよね。

冨山　問題はここから先で、では東京で起業するのが常にベストかというと、必ずしもそうではないんですよ。

増田　やはりコストがかかるからですか。

冨山　そうです。アメリカでも、すでにシリコンバレーは起業するには不利な環境だと言われるようになっています。シリコンバレーは生活コストが高すぎますから。エンジニアに高給を払えない、起業したばかりの会社には厳しい。オフィスの家賃も高い。それならば、シリコンバレーから南に行けばロサンゼルス、そしてサンディエゴもある。ずっと北部にはシアトルだってある。シリコンバレーで生まれたアイデアでも、シリコンバレーにこだわらず、より事業運営をやりやすい場所で開業しようという流れになっています。

この後も東大からは材料系や機械系、あるいはアルゴリズム系で面白いベンチャー企業が登場してきそうなんです。ただ、そうした産業は必ずしも東京で起業する必然性はありません。

東大関連ベンチャーの規模が一兆円を超えたといっても、グーグルを生んでいるスタンフォード大学と比べると二桁小さいんですよ。ここからシリコンバレーやボストンなどに追いつき追い越すためには、生態系をもっと広げないとダメですね。たとえば関東から東北へ、東日本全体に裾野を広げていく。

科学技術の世界では本来、大学と大学の境目はあまりないんです。東大と東北大とスタンフォード大学の研究者が共同研究するのは普通のこと。大学の枠を超えて、新しい発想やイノベーションが生まれてくる。そう考えれば、大学発ベンチャーも一番便利な場所で起業すればいいのです。

技術は東京大学がもとになっているとしても、社会実験をやりやすいのは仮に宮古市だとする。それならば宮古市で起業したほうがいいですよね。問題になるのは、起業をサポートする社会インフラが宮古市、そして岩手県にあるかどうかです。そのとき、たとえば岩手大学がベンチャー企業をサポートできる大学として、東大のグループのなかに入っていれば、受け皿になりうるんですよ。

増田　「ミニ東大」になろうなどと考えず、サポートする役割の大学だということを明確にして東大と組んだほうがいいと。

冨山　上下の序列で考えると、どうしても窮屈な議論になるんですけど、東大には東大の、岩手大には岩手大の比較優位があることを認め、それぞれ役割分担することが大事ですね。

地方大学が産学連携や大学発ベンチャーを立ち上げていきたいなら、すでに東大にノウハウの蓄積があるのですから、組んでしまったほうが早いですよ。東大でさえ一五年以上かけてようやく現在に至るのに、今ゼロから始めようとしたら大変です。東大と張り合っても仕方がないでしょう。

増田　ちなみに先ほどからイメージとして挙がっている岩手大学ですが、実際のところは面白い動きが出ているんですよ。

二〇一四年度に就任した岩渕《いわぶち》明学長は工学部出身で、一九九三年に全国初の地域連携推進センターを立ち上げた研究者です。二〇一五年度から高知大学に地域協働学部ができましたが、はるかに早く全国に先駆けて工学の立場から地域に開かれた大学を推進してきた人物なんです。私が岩手県知事だったとき、まだ若手の教授でしたが、頻繁に県庁に出入りしていて地域との連携に熱心でした。そうしたタイプはご承知のとおり、大学では異端児扱いされるわけですが（笑）、彼の場合は人望もあるので学長にまでなった。

岩渕学長が明言しているわけではないですが、最先端の研究は東大などに任せて、企業や地域との連携重視でやっていこうという方向を考えているんじゃないかと思いますね。

冨山　面白いですね。こういう話を聞いていると楽観的になります。これから面白いことが日本中でいろいろと起きる予感がしています。

増田　ところで東北でいえば、東北大学は東北地方全体の核になる存在だと思います。

東北大学と東北各県の大学とのつながり、コラボレーションの道筋が見えればいいと思っています。

冨山　東大と東北大が「東日本大連合」で組んで、東大のノウハウは東北大に横展開する。そのうえで、東北大から枝が広がるように東北各県の大学と連携するイメージですね。「みちのり大学連合」とでもネーミングしてもらいましょうか、名称権は主張しませんから。（笑）

増田　そうですね。東大と地方大学がダイレクトにつながると、東大を頂点とした一極集中になってしまう。東日本大連合、みちのり大学連合はいいですね。

大学の多様性——差異化こそが頂点への近道

冨山　日本は東日本大連合でシリコンバレーに対抗するくらいのイメージでいいと思いますよ。肝心なのは、ローカルの大学がミニ東大を目指さないこと。そうすると絶対に東大には勝てない。むしろ、東大とどう差異化するかが課題です。

アメリカでいえば、スタンフォード大学は明らかにハーバード大学と方向性が違う、差異化された大学ですよね。スタンフォード大学は工学部を中心につくられた大学です。一方、ハーバード大学の工学部は比較的新しくて、あまり強くない。しかし、ハーバードのロースクールにスタンフォードは対抗心なんて持っていないでしょう。法学の王道の世界では永久に勝てないですから。そのぶん、スタンフォードのロースクールは知的財産法などに特化しているのですよ。シリコンバレーに位置する場所柄を活かしているわけです。

増田　ハーバード大学やイェール大学などアイビーリーグには、アイビーリーグの生き方がありますね。

冨山　アイビーリーグは、イギリスのオックスブリッジ（オックスフォード大学とケンブリッジ大学）を模してつくった大学ですからね。

ちなみにMITに至っては、名前に「大学」とついてさえいません。日本ではマサチューセッツ工科大学と呼ばれますが、Massachusetts Institute of Technology だから工科専門学校とでも訳したほうが正しい。一九世紀の創立当時はオックスブリッジ的な価値観を引きずっていて、エンジニアリングというのは下に見られていたのです。そんなもの大学でやるようなことじゃない、インスティテュートで十分だと。

だからMITの進む方向は、近隣にあるハーバード大学とは当然違う方向です。たとえば経済学部をつくるときも、数学に強いMITは計量経済にいくわけですよ。

ローカル大学にビジネスマンを

増田　文科省は「地（知）の拠点大学による地方創生推進事業（COC＋：Center Of Community plus）」という、大学が自治体や企業と協力して、魅力的な就職先をつくったり、地域に必要な人材を養成するための支援を進めています。地域との協力は、地方大学に今後いっそう求められます。ローカルの大学が地域でそうした役割を果たすために何が必要だと思われますか？

冨山　ビジネスマンを大学のなかに入れたほうがいいですね。東大ＴＬＯはリクルート出身の山本貴史《やまもとたかふみ》社長が、ＵＴＥＣは先ほど名前を挙げた郷治氏が、苦労して今のレベルにまで持ってきたからこそです。いわゆる「大学人」ではない人のセンスがないと難しいでしょう。

増田　それはやっぱり外から呼ばないとどうしようもないですね。地方の場合はなおさら。

冨山　理想的には、なるべく若くて有為な人材を集めたいですね。今例に挙げた東大の二人もそうでした。実は先ほどのインキュベーション施設における支援活動をリードしてきた東大産学連携本部・事業化推進部長の各務《かがみ》茂夫教授も、かつてボストンコンサルティンググループなどで一〇年にわたり私と同僚だった人です。皆、既存の大企業、大組織の枠組みから飛び出した「アウトロー」、いや「アントレプレナー」なんですよ（笑）。大企業の経験があるベテランだと同じような大企業出身者ばかり集めてしまう。しかし、「大企業出身のオジサン」はアントレプレナーシップから一番遠い。もちろん東大出身かどうかなんてまったく関係ない。

増田 しかも同じ業種のライバル会社同士を集めたりしたら最悪でしょう。

冨山 「背番号」がついちゃってますからね。

増田 地方創生の戦略を考えるうえで、私が一番増やしたいと思っているのは、地域の大学が核になって、地域が本当に求めているニーズを汲み取り、解決する仕組みをつくることですね。そのうえで、できればグローバルの世界にも出ていってほしい。そうした大学中心のシステムが回るようになり、たとえば若い人たちの起業にまでつながれば、若い人に魅力のある職場が地域にできることになる。そこまでつなげていきたいんですね。

LからGへ広がるイノベーション

増田 ドイツにはフラウンホーファー研究機構というヨーロッパ最大の応用研究機関がありますが、ドイツ国内各地に六六か所の研究所、研究ユニットを持っています。あれなどは、地方創生が目指すようなローカル（L）の世界からグローバル（G）の世界へとつながる研究所のあり方ということにならないですかね？

冨山　ここから先のイノベーションは、Lで生まれてGに広がるというパターンが多いと思うんですね。

増田　第1章でも触れたグローバル・ニッチ・トップ企業のような。

冨山　製造業であればグローバル・ニッチ・トップ企業でしょうし、サービス産業であれば、Lの世界の深刻な社会ニーズをふまえて、ドローンなどの新技術を活用した新たなサービスでしょうね。

増田　Lの世界にある社会ニーズをどれだけつかめるかがカギですね。

冨山　それは製造業とサービス産業の中間的な業態になると思います。ロボットを動かすオペレーション・システムだったり、自動運転だったり、二次産業と三次産業のあいだの「二・五次産業」みたいなものでしょうね。

二・五次産業とは、サービス産業的な需要を満たすために、二次産業的なテクノロジーのイノベーションと三次産業的なマネジメントのイノベーションをともに活用します。その結果はたいていグローバル（G）な要素を持っているので、そのサービスモデルは世界展開できる可能性を持っているんですよね。

日本でいえば、コマツも今や二・五次産業ですからね。コマツはダンプトラックの自動運転では、運んだ量に応じて出来高でお金をもらっているんですよ。

増田 本当？ トラックをつくってそれを売って、というのでなく、その後のことまで。

冨山 むしろ、今彼らが力を入れているのは「その後」のほうですね。

増田 そちらのほうが稼ぎが大きいということですね。運んだ量をきちんと把握できるんだ。

冨山 ＩｏＴによって可能になっています。もうすでにコマツはＩｏＴ会社なんですよ。ＧＰＳによる運行監視システムはロシアのベンチャー企業を買収、自動運行のコントロールシステムは米国のベンチャーを買収して手に入れ、それをハードウェアにおける自らのダントツ技術と組み合わせて、完全にＩｏＴ的なサービス型ビジネスモデルのプラットフォームをつくりつつある。自前主義傾向の強い日本の伝統的な製造業のなかでは珍しいオープンイノベーションの成功例ですが、だからといって、コマツが米国型経営の会社かというと全然そんなことはない。いい意味で日本的な会社で、日本を、そして発祥の地である石川県小松市をとても大事にしています。

増田　コマツといえば、その小松市に本社機能の一部を移したこともあり、地方創生の観点からも外せない企業です。私は東京から本社機能を移すという意味で「第二、第三のコマツ」が出てきてほしいと思っていましたが、むしろ地方発のIoT会社という意味での「第二、第三のコマツ」に期待したいですね。

冨山　話を戻すと、Lの世界のサービス産業で起きている深刻なニーズに対して、あらゆる手段を動員して解決を図ることで生まれたサービスが、結果的にGの世界で大化けするかもしれないと思っています。Uberだって、自分の身の回りのタクシーの配車サービスですから、これ以上ないくらいローカルなビジネスモデルですよね。

増田　たしかにUberに類似した乗り合いタクシーの仕組みは、高知県の大豊町《おおとよちょう》などで採用されていますね。中山間地の町で、四千数百人の町民のうち、六五歳以上が過半数を占める、まさにLの象徴のようなところです。もちろんLからGへと広がったサービスも、最初からGまで狙っていたわけでは決してないのでしょうね。Lでうまく機能したのを受けて、すぐに次の展開へとつなげていったものが広がっていく。

冨山 おっしゃるとおり、まずは目の前のLの課題について、老・壮・青がああでもないこうでもない、といろいろなチャレンジを行うことが大事です。いきなりGを目指す必要はない。

観光のイノベーション

増田 地方では観光業の比率も大きいわけですが、観光でのイノベーションというのもありえますよね。

冨山 LからGへ打って出るのにイノベーションが必要なように、外国人観光客を呼ぶのはGからLへという話で、同じようにイノベーションが必要ですね。
外国人観光客がツアーじゃなく個人で日本に旅行に来たとき、最大のストレスは言葉ですよね。せっかく東北地方に来ても、言葉のストレスがどうしても生じる。とくにアメリカ人やイギリス人は世界中で英語が通じるのが当たり前だと思っていて、だから逆に言えば外国語が苦手なので、余計にストレスに感じる。将来的には自動翻訳機の開発を真剣に考えていくと、イノベーティブな観光サービスが生まれる可能性があります。

増田　言葉の問題は大きいですね。先ほどのUberなども使える技術ですね。

冨山　もう一つ細かいことを言うと、日本人は世界で一番、キャッシュ（現金）で買い物をする国民です。中国も偽札が多いので今はキャッシュを信用しない。その結果、欧米も中国もカード決済が当たり前という時代に、たとえば日本の地方の土産物屋ではクレジットカードが使えなかったりするわけです。
なぜカード決済を導入しないのかと聞くと、手数料が高い、という議論が始まるんですよ。ちょっと待ってくれと。

増田　外国人観光客がこれだけ増えているなか、利用できないままではいかないでしょう。

冨山　それに、決済関係のテクノロジーは猛烈に進歩しています。クレジットカード以外のキャッシュレスな決済方法だってありうるわけですよ。きわめて低コストでキャッシュを使わない決済の仕組みを考えることは、またイノベーションにつながる。

増田　ただ、手数料が高くて導入できないというけれど、そもそも海外だと小さな商店でもクレジットカードが使えるのに、なぜ日本だけ使えないのか。

冨山　クレジットカードは標準装備ですよね。

増田　うちも岩手県宮古市で観光ホテルを経営しているから分かりますが、カードの手数料なんて、本気で交渉したら安くなるんですよ。カード会社の決算を見ると、手数料率は一%を切っているようなケースもある。土産物屋の連合会なり、観光協会なりで団体交渉すればいい。

増田　それは、やっていないね。団体のなかがまとまっていないからかもしれない。

冨山　言い方は厳しくなるけれど、そんなことで泣き言を言っている店はもう退場してほしい。そんなことでは生産性の上がりようがないし、従業員の給料も上がりませんよ。

増田　外国人観光客も呼べない。これまでは、それでもなんとか店をやっていけていたのが日本の特徴ですが、それを変えて地方からイノベーションを起こしていこうという話ですよね。

冨山　自分たちは一ミリも変わらないという前提で、賃金だけ上げてくれとか、仕事をくれと言う。世界中が競争をしているわけですから、そんな甘い話はないですよ。旅館やホテルの生産性指標でもっとも大事なのは、従業員の労働生産性、一時間の労働時間でどれだけの付加価値（粗利）を生み出したかです。一番簡単な「見える化」の方法は、粗利を総労働時間で割ってやればいい。この簡単な指標を常に意識し、管理して、季節や曜日ごとの単価の設定、料理の種別、サービス内容、たとえばお客様を部屋まで案内する業務は必要か否かをきめ細かく判断している旅館がどれだけあるか。

「人時《にんじ》生産性」管理では、箱根地域を中心に急成長中の「一の湯グループ」が有名ですが、裏返して言えば、一の湯グループのように生産性をしっかりマネージできている旅館は多くない。これは私たちが従事している地方バス会社についても同じことが言えます。

そのくらい地方には生産性の低い部分がある。だからこそ、Lの世界にはチャンスがあるんです。LはLなりに、GはGなりに強くなっていくことが大前提ですが、両方それぞれが強くなっていけば、その先に必ずLからG、GからLへのイノベーションの種が生まれてくるはずです。未来は明るいと思っています。

東京モデルを捨てよう

増田　だけど、地方を見ていると、とくに政治の世界はいまだに東京モデルを捨てられていないんですよ。たとえば、数字に見えない豊かさなんて雲をつかむような話は敬遠されて、結局、東京の所得にできるだけ近づけるといった話しかできない。

岩手県知事時代に「がんばらない宣言」という運動をしたことがあるんですが、知事ががんばらないとはなんだ、怠けるのか、とえらく叩かれました（笑）。もちろん真意はそういうことではなく、東京に追いつけ追い越せと東京のほうばかり向いてがんばったり、東京の尺度での努力を続けても、それは大が小に勝つに決まっているので、そういうがんばり方はやめましょう、もっと地域の固有の価値を見直しませんか、という趣旨でした。

東京の力というのは、非常に強いですよ。たとえば、北陸新幹線効果で今は東京から金沢に観光客がいっぱい来ていますね。これまでの金沢、そして富山は関西圏でした。特急サンダーバードは新幹線に比べれば不便だったけれど、曲がりなりにも大阪方面から金沢、富山へと人を運んでいた。これが新幹線開通によって、富山まで運行していた特急サンダーバードの直通運転がなくなり、乗り換えが必要になったことで、関西圏と富山の距離は決定的に離れてしまいました。そうすると金沢、まして富山は完全に東京圏になってしまったのです。

さらに、今は開業ブームの賑わいに気をとられていますが、新幹線ができると企業が支店を引き上げます。東京から直接、二時間で来ることができるから、直轄にする。

冨山　日帰りできちゃうんですね。

増田　これまでは在来線だと時間もかかりますし、雪で止まるかもしれないことが、支店を置く理由になっていました。また、飛行機で行く場合は便も少ないですし、向こうで一泊しようかという話になっていた。新幹線が走ると、いずれもなくなります。

冨山　新幹線は雪でもまず大丈夫ですからね。

増田　だから、金沢はいま一人勝ちですごく調子がいいけれど、今後は気をつけないといけません。早ければ二〇二〇年度には、北陸新幹線が福井まで延びるわけでしょう。今は金沢が終着駅ですが、通過駅になった途端にがらっと変わりますから。ビジネス面では、北陸は関西圏とのつながりを今まで以上に大事にしないとダメです。また、近隣の信越地方とのビジネスを掘り起こす取り組みも始めないと。
　岩手県知事時代の二〇〇二年に東北新幹線が盛岡から八戸まで延伸され、まったく同じ問題に直面しましたからね。盛岡が比較的うまくやれたとすれば、そのときあまり東京になじみすぎずに、古い町並みを残したことです。

冨山　東京の観光客からすると、地方に来て「東京もどき」を見てもしょうがないですからね。

増田　東京に迎合すると、全部飲み込まれちゃうから、ほどほどにしておかないと。金沢だとお茶屋などの文化は大事にしてほしいですね。
　気になるのは、金沢駅がずいぶん近代的なデザインなことですね。デザイン優先のあまりコインロッカーもすごく少なくて、休日なんて観光客がロッカーを探すのに苦労していたとか（さすがに増設が決まったようですが）。もちろん金沢21世紀美術館は非常に評価が高いですし、デザインを重視するのは分かりますが、悪いほうに転ばないといいですね。

冨山　東京型で失敗した悪い例として思い浮かぶのは、宮崎県のシーガイアですね。

巨大な国際会議場や全天候型プール、巨大高層ホテルができたものの経営がうまくいかず、破綻しました。

こういう話は、田中角栄流の「国土の均衡ある発展」、つまり「みんながいつかは東京のようになります」という考え方の行き着いた先なんですよ。各地方に「○○銀座」という地名がある、あの感じです。「国土の均衡ある発展」はいかにも発展途上国の発想で、明治以降の富国強兵・殖産興業という流れの延長線上なんです。東京が成功したから、全国各地で同じことをしましょうという考え方。

増田 結局は、公共事業を使って所得の再分配をする「再分配モデル」ですよね。しかし東京と同じ土俵で競争するかぎり、所得が東京を超えることはない。

冨山 地方創生の本質は、結局、地域それぞれが持っている比較優位にどこまで集中できるかということです。東京は東京らしさを追求すべきだし、盛岡は盛岡らしさを追求したほうが、日本のトータルの経済も大きくなって、生産性も上がるんですよ。

ここで東京についても触れておくと、東京はGの世界で活躍する人にとって、より活躍しやすい場所にしていくことが、東京の比較優位を活かすことになると思います。とくに外国の高度人材を呼ぶため、シリコンバレー、シンガポール、ニューヨークに比べても魅力的な街としてアピールする必要がある。今足りないのは、彼らが家族連れで日本に住むために必要な補助人材ですね。英語の話せるナニー（nanny：教育ベビーシッター）とか、その外国人の母国流の医療を行う医師であるとか。

それと学校の問題も深刻です。あまり話題になりませんが、彼らのような人たちにとっても深刻なのは小学校、中学校のレベルが低いこと。欧米の価値観でその年ごろの子どもを抱える家庭において単身赴任はありえません。トップレベルの国際バカロレア資格の小中学校を首都圏にもっと増やすことは急務です。

ともあれ、東京は決して万能ではありません。東京も地方もどちらも活かすということが、アベノミクスのゆくえを占ううえでも重要だと思いますよ。

アベノミクスの功績

増田 最後に今後の地方創生の戦略とアベノミクスとの関係を考えたいと思います。私が思うに、現時点でのアベノミクスの最大の功績は、失業率が下がり、求人倍率が上がっていることだと思います。

失業率は政権が発足した二〇一二年一二月から二〇一五年五月にかけて四・三％から三・三％へと一ポイント下がっています。有効求人倍率は〇・八三倍から一・一九倍へ、新規求人倍率も一・三四倍から一・七八倍に上がりました。

もちろん、全員が良くなっているわけではないけれど、それでも全体として良い方向に進んでいる。そして、本書で何度も確認したように、この状況は生産性向上に向けて、大胆に取り組んでも何も問題がない経済環境だということです。

冨山 需給ギャップがなくなりましたからね。

増田 それが大きい。ずっと供給過剰でしたから。

冨山　「設備の過剰」「雇用の過剰」「債務の過剰」。私が産業再生機構COOを務めていた二〇〇三年から〇七年のころは、この三つの過剰に悩まされました。過剰があると生産性向上が難しいんですよ。あのころ生産性向上を言うと、労働組合の人に「人減らしですか！」と怒られたものです。最近、労働組合関係の集まりに行って生産性向上の話をしても、まったく怒られませんから。

増田　生産性の向上自体は本来ニュートラルな話のはずですが、以前は首切りと結びついていましたからね。

地方の企業が心置きなく生産性向上に取り組んで、Gの世界を目指せる状態をつくったという点で、アベノミクスは地方創生の観点からも、もっと評価しなくてはいけないと思うんですよ。

地方創生は「中央創生」へ

冨山　本書の冒頭で申し上げたように、賃金の源泉は経済的利潤、つまり付加価値です。付加価値が伸びないと賃金も伸びません。地方の悪循環とは、生産性が低いため賃金水準も低く、若い人は東京に行ってしまう。そこでまた経済が縮小し、密度が下がるから生産性も下がる。そして賃金がさらに下がる……ここから抜け出すには、生産性を高めるしかないのです。

先ほども述べましたが、経済成長には人口増加以上に生産性の向上が効いてきたという人類史上厳然たる事実がある。日米を比較しても分かるように、これはつい最近においても当てはまります。そう考えると、持続的な成長がアベノミクスの最終的なゴールだとすれば、そのために欠かせないのは生産性向上であり、その余地があるのは、圧倒的にローカルの経済圏なんですよ。

増田 「伸びしろ」はこれからの地方を考えるときのキーワードですね。しかもローカル発のイノベーションの可能性も高まっている。現在起きつつあるイノベーションの例として、自動運転、Ｕｂｅｒ、ドローン、人工知能、ＩｏＴなどが挙がりましたが、いずれも、地方でこそ活きる技術でした。

冨山 ローカルというと、つい地方都市や中山間地を考えてしまいますが、東京のなかにもそういうローカルの経済圏が存在しています。たとえば「戸越銀座」とか、ああいった商店街はグローバルでなく、まったくもってローカルなものですよね。

東京にも実はGばかりでなくLの世界があるわけです。ローカルな世界にこそ伸びしろとイノベーションのチャンスがあることを感じてもらえるかと思います。そして、ローカル経済こそ、日本のGDPと雇用の約七割を占めているわけです。ですから、地方創生というのは、ひいては「中央創生」につながるんですよ。

アベノミクスが目指す持続的成長のカギは、ローカル経済圏の生産性をどれだけ伸ばせるかです。今は潜在成長率の壁が問題になっています。潜在成長率を上げるには、生産性を上げるしかない。年二〜三％といったペースで上げないと、骨太の方針などで考えている財政の長期プランには間に合いません。

生産性を向上できれば、確実に賃金が増えます。賃金が増えれば東京への人口流出が減り、若年層の出生率も上がり、人口減少の流れが止まるはずなんです。地方の生産性向上こそが、地方消滅を食い止めると同時に日本全体の超長期的な持続性を高める一番の対策なのだと思います。

増田　そうですね。消費増税は延期されましたが、政府は二〇二〇年度のプライマリーバランス（基礎的財政収支）黒字化の姿勢は変えていません。地方創生、少子化対策に対する予算を増やしていくべきですが、地方としても国に単純に頼るのは難しい状況です。やはり地方の生産性向上こそが必要でしょう。国も、高所から自治体を「救う」というのではなく、一緒に「汗を流し、知恵を絞る」という姿勢に変わる必要がある。先行して課題に取り組み、努力している地方の人々をもっと積極的に支援していくべきだと思います。

あとがき

増田寛也さんとの邂逅

本書で対談をさせて頂いた増田寛也さんとは、小泉内閣の時代、第一次郵政民営化委員会で、増田さんは当時岩手県知事として、私は産業再生機構のCOO（最高業務執行責任者）としてご一緒させて頂いてからのお付き合いである。郵政問題もある意味、日本の地方における経済と社会の問題であったが、その後、増田さんは総務大臣などを歴任され、私は現在の経営共創基盤を設立し、その事業領域の一つとして地方バス会社の経営、それもかつて増田さんが知事をされていた岩手県など東北地方のバス会社の経営を担うこととなり、それぞれに「地方」問題にかかわり続けてきた。

そして昨年、期せずして増田さんが中心となってまとめられた『地方消滅――東京一極集中が招く人口急減』と、拙著『なぜローカル経済から日本は甦るのか――Gと

Lの経済成長戦略』（通称「GL本」）がほぼ同時に世に出、地方創生、ローカルアベノミクスといったキーワードが、単なる地方問題ではなく、東京を含む日本全体の問題として認識されるきっかけとなった。こうした経緯を経て、今回の対談出版の機会を得たのは、偶然のようであり、必然の糸に導かれたようでもあり……。

増田さんと私、お互いに共通しているのは、それぞれ政策遂行と経営遂行の現場で、目前の現実問題に対峙する一方で、全国的かつ長期的な視点で鳥瞰的に問題の構造を分析、理解しようとしている点だろう。経済と社会のリアルな問題に実効的かつ持続的な解を提示するためには、微視的な現実問題をリアルに感じ捉える視点、それを巨視的にクールな頭で構造化・優先順位づけして合理的な解を導き出す視点、さらにはその解を関係者の心情や政治的な実態を踏まえて実際に機能するように現実化する能力が問われる。厳しい実体験を乗り越えてくると、冷徹な合理思考力と人情の機微に敏感な感応力という、時に相矛盾するアンビバレントな能力が否応なしに鍛えられていく。

「まち・ひと・しごと創生会議」（議長：安倍総理）などの場で増田さんと議論をする

とき、この「クールヘッド・ウォームハート」(アルフレッド・マーシャル)的な知的スタンスを共有できるので、いつも実に心地よい。今回の対談も、そんな心地よさの中から、時間を忘れるほどに議論は盛り上がり、私自身も新たな気づきを得、頭の整理が大いに進んだように思う。

地方創生は、経済社会的に言えば、L(ローカル)経済圏の生産性(特に労働生産性)を上げ、雇用の安定化と賃金上昇を実現し、よって子育て世代の地域定着と出生率を回復することにある。生活費に対する相対的な賃金の低さゆえに結婚や子育てを諦める若者が増えている問題は、東京のなかのL経済圏(小売、飲食、宿泊、介護産業などの地域密着型のサービス産業)でも起きている。今やこの経済圏で働く日本人は全就労者の七割以上。この問題は狭い意味での地方問題ではなく、日本全体の大問題なのだ。そこに持続的な解を見出すには、国と地方自治体で構成される政府部門におけるる政策的な作用と、個々の民間企業で構成される市場(民間)部門における経済的な作用が、整合的、効果的かつ持続的に機能する必要がある。

明治維新以来続いた、欧米に対するキャッチアップ型、人口増加型の経済成長期において、我が国唯一の資源である人材を中央に集め続け、効率的、均質的に殖産興業をはかってきたモデル（人材供給の代償として大都市部の税収を地方にバラマキ還元するモデル）は、バブル経済崩壊後、明らかに限界を迎えている。

西欧諸国を見れば明らかなように、成熟した市場経済社会というものは、政治と経済の両面においてもっと分権的で、多様で、地域それぞれに比較優位を生かし、それぞれの豊かさのスタイルを持っている社会である。そもそも封建制度で人々の移住が制限されていた江戸時代までは、むしろ日本はそういう社会だった。今回の地方創生は、一五〇年続いたキャッチアップ型モデルからの脱却を目指すという意味で、日本の近代史における歴史的な大転換が問われているのだ。地方創生は、「ポストモダン」の新たな経済社会モデルの創造であるとともに、ある意味では伝統回帰でもある。数年で目に見える成果を上げるのが難しいのは当たり前。しかしじっくりと時間をかけて積み上げた事業のほうが、その効果が長続きするのは、政策でも経営でも同じ。大事なことは、腰を据え、正しい努力を我慢強く継続することだ。

本書の中でもふれたが、経済に関する人類史的な事実は、人口減少が当分の間続いたとしても、新たなモデルへの転換を実現できれば、持続的な経済成長が十分に可能なことを示している。

読者の皆さんが、おそらくは一〇年、二〇年にわたる地方創生、いや日本経済の新たなる持続的成長モデルへの大モデルチェンジの長丁場を乗り越えていくに際し、政策の現場、経営の現場、さらには生活の現場において、どのように問題の本質に対峙していくべきか、本書が少しでもヒントになれば幸いである。

青木昌彦先生に捧ぐ

この「あとがき」を書き始める直前、スタンフォード大学名誉教授の青木昌彦先生が逝去されたという悲しい知らせを受け取った。比較制度分析という新分野を切り拓き、日本人としてノーベル経済学賞に最も近いところにいた「知の巨人」の喪失である。

私にとって青木先生は産業再生機構時代からのメンターであり、問題となっている経済現象を理解し、有効な政策手段を考えるうえで、先生との会話や著書から受けた影響は計り知れない。産業再生機構における不良債権処理、震災直後の電力市場改革、最近では企業統治改革など、難しい問題に対峙した時に、市場万能主義からも、政府万能主義からも距離を置き、我が国の現実社会をリアルに洞察される青木先生の助言にどれだけ勇気づけられたか。そして本書のテーマとなっている地方創生に深くかかわるきっかけとなった先述の通称「GL本」も、青木先生の比較制度分析アプローチの大きな影響下にある。

経済システムを一つの普遍的なモデルに収斂するものとは考えず、国や地域の制度、文化、慣習などの個別条件のもとで経済は多元的な発展過程をとるという先生の考え方は、G（グローバル）経済圏とL（ローカル）経済圏を、お互いに異質性を保ちつつ、同時に存在し続けるものとして捉える私の視点の前提となっている。もちろん私は学者ではないので、発想の出発点は、企業経営の中で現実的に対峙し、目撃した個別事実にある。だが、それを集積、構造化する過程で、青木先生が確立された理論的フレームワークが、今回も大いなるヒントと勇気を与えてくれた。

青木先生とは四月中旬に、東京で会食の機会を頂いたのが最後となった。そのとき先生から「冨山さんのGとLのやつ、あれ素晴らしいですね。とても面白い有効な視点です」とほめて頂いた。本当にうれしかった。数年前、シンポジウムの二次会で、スタンフォード大学近くのご自宅に伺い、万世橋《まんせいばし》警察署に逮捕勾留された昔話など、カジュアル版「私の履歴書」をお話し頂いた。素敵な奥様を交えての数時間は、我が人生の珠玉の時である。

最後まで学者としての好奇心は衰えを知らず、最近は土地所有制度の違いに視点を当てた日中の経済発展比較分析に関する論文を執筆されていた。スタンフォード大学アジア太平洋研究センターにおける青木先生の後継者であり、私の大学時代からの親友かつ知的同志でもある星岳雄教授によると、先生が病を得た後、その論文の仕上げについて指示を出されたのが学者として事実上の遺言となったようだ。

青木先生は相手が若手だろうが、私のような経済学の素人だろうが、フェアに好奇心を持ち、フランクかつ真摯に議論をしてくれる人だった。いわゆる左翼活動家だった学生時代を経て、米国に渡って世界的な経済学者となったダイナミックな人生から滲み出る、リアリズムの中にも誠実な知性があふれる方で、何よりもお茶目でチャーミングな人だった。だからこの瞬間、「知の世界」における父を失ったような寂しさを多くの人々が共有しているだろう。「GL本」を書く直接のきっかけを与えてくれたのは、当時、経済産業省審議官だった西山圭太氏(現・東京電力取締役)であり、じつは彼こそ産業再生機構時代に青木先生を紹介してくれた人物である。

青木チルドレンの一人として、先生の偉業を私なりの立場で発展させ、その知的誠実、飽くなき探究心とともに未来へ伝承していくことを霊前に誓いたいと思う。もちろん地方創生もその中の大きなテーマである。

増田さん、青木先生、星岳雄教授、西山圭太氏……人生の先輩、仲間、友人たちとの巡り合いが、本書で語り合われている中身を「創生」している。地方創生をなすのは、結局、生身の「ヒト」であり、その成果を享受するのも「ヒト」である。今後、それぞれの地域で産官学労金言の壁、地域間の壁、中央と地方の壁を越えたさまざまな邂逅《かいこう》が起き、そこから新たな価値、豊かな生き方が色とりどりに創生されることを心から祈り、確信している。

二〇一五年七月

冨山和彦

図作成　ケー・アイ・プランニング
DTP　市川真樹子

増田寛也（ますだ・ひろや）

1951（昭和26）年東京都生まれ．77年，東京大学法学部卒業．同年，建設省入省．95年より2007年まで3期にわたり岩手県知事，07年より08年まで総務大臣を務める．09年より，野村総合研究所顧問，東京大学公共政策大学院客員教授．11年より日本創成会議座長．
著書『地方消滅』（編著，中公新書，2014年，第8回新書大賞受賞）
『地方消滅と東京老化』（共著，ビジネス社，2015年）など

冨山和彦（とやま・かずひこ）

1960（昭和35）年和歌山県生まれ．85年，東京大学法学部卒業．92年，スタンフォード大学経営学修士（MBA）．ボストンコンサルティンググループ，コーポレイトディレクション代表取締役を経て，2003年，産業再生機構設立時にCOOに就任．解散後，株式会社経営共創基盤（IGPI）を設立，代表取締役CEOに就任．
著書『なぜローカル経済から日本は甦るのか』（PHP新書，2014年）
『選択と捨象』（朝日新聞出版，2015年）など

地方消滅《ちほうしょうめつ》
創生戦略篇《そうせいせんりゃくへん》

中公新書 *2333*

2015年8月25日発行

著者 増田寛也
冨山和彦
発行者 大橋善光

定価はカバーに表示してあります．
落丁本・乱丁本はお手数ですが小社販売部宛にお送りください．送料小社負担にてお取り替えいたします．

本文印刷 暁印刷
カバー印刷 大熊整美堂
製本 小泉製本

発行所 中央公論新社
〒100-8152
東京都千代田区大手町 1-7-1
電話 販売 03-5299-1730
編集 03-5299-1830
URL http://www.chuko.co.jp/

Published by CHUOKORON-SHINSHA, INC.
Printed in Japan ISBN978-4-12-102333-9 C1236

社会・生活

1242 社会学講義　富永健一
1910 人口学への招待　河野稠果
2282 地方消滅　増田寛也編著
1914 老いてゆくアジア　大泉啓一郎
760 社会科学入門　猪口　孝
1479 安心社会から信頼社会へ　山岸俊男
2322 仕事と家族　筒井淳也
2070 ルポ　生活保護　本田良一
2121 老後の生活破綻　西垣千春
1894 私たちはどうつながっているのか　増田直紀
2100 つながり進化論　小川克彦
2138 ソーシャル・キャピタル入門　稲葉陽二
2184 コミュニティデザインの時代　山崎　亮
2037 社会とは何か　竹沢尚一郎
1537 不平等社会日本　佐藤俊樹

265 県民性　祖父江孝男
1966 日本と中国—相互誤解の構造　王　敏
1164 在日韓国・朝鮮人　福岡安則
1269 韓国のイメージ（増補版）　鄭　大均
2180 被災した時間—3・11が問いかけているもの　斎藤　環
2333 地方消滅—創生戦略篇　増田寛也　冨山和彦